Travers de routes

Damien Personnaz

Travers de routes
L'humanitaire, cahin-caha

RÉMANENCE

© 2014, éditions de la Rémanence
Couverture et mise en pages : www.mapicha.fr
ISBN 979-10-93552-09-5

À ma fille, Elsa.

Certains s'étonnent qu'ayant vécu en un pays d'Europe plus de trente ans,

il ne me soit jamais arrivé d'en parler.

J'arrive aux Indes, j'ouvre les yeux et j'écris un livre.

Ceux qui s'étonnent m'étonnent.

Henri Michaux, *Un barbare en Asie.*

AVANT-PROPOS

Ces histoires, vécues entre 1979 et 1997, sont-elles obsolètes ?

Depuis quelques années, des effluves du passé chatouillent mes narines et ressurgissent comme des odeurs lancinantes de tuyauterie. Est-ce la malédiction de la cinquantaine, cette décennie où l'on s'aperçoit qu'il n'y a plus de temps à perdre à mesure que s'installent les rides, le gras et les amertumes ?

Chaque fois, durant dix-huit ans, le départ vers l'aéroport mêlait jubilation et boule au ventre. Partir seul au Libéria, au Rwanda, en Angola – ces pays de l'urgence silencieuse – me tordait les boyaux. Vouloir prouver aux autres, et à soi-même, que l'on vaut quelque chose motivait inconsciemment ces départs. Chaque voyage constituait une petite victoire ; il transformait le gars naïf et hardi que j'étais, souple dans ses déplacements mais un peu raide dans ses convictions, en un homme tempéré, plus nuancé dans ses propos.

En ce temps-là, le monde était manichéen : les fieffés nantis et les gentils pauvres, les gauchos vertueux et les sales capitalistes, les culs-bénis et les mécréants. Vérités assénées qui toutes puaient la mauvaise foi de ceux qui croient savoir mais qui ont, en réalité, la frousse de vérifier sur place à quoi ressemblent réellement la violence des ghettos ou les contrées saturées de fièvre. Les idéologies de salon et les certitudes artificielles de ceux qui n'ont traversé ni méridien ni latitude ne valent rien. Trop simplistes, donc suspectes. Il est raisonnable de se méfier des savants enfermés dans leur bibliothèque, qui parlent au nom des opprimés de la Terre, eux qui n'ont jamais mis le nez ailleurs que dans leurs manuels, bien au chaud dans leurs pantoufles et leurs réseaux. Je sentais bien qu'au-delà des statistiques et des sentiers battus, il y avait de vrais hommes et de vraies femmes, des cultures prometteuses, des idées différentes, des points de vue inconnus. De la souffrance, oui, mais aussi de la joie, de la complicité et du partage. Sans parler de la bonne musique et des horizons vierges. Et puis, surtout, ailleurs, on pouvait encore « s'éclater ».

Il fallait donc vérifier cela.

Voyager, c'est voir le monde tel qu'il est et non pas comme on voudrait qu'il soit. Pourtant, je n'ai fait que passer. D'abord en touriste, en voyageur, en dilettante curieux et las d'une Europe flapie, continent sur lequel j'avais vécu une trentaine d'années routinières faites de réussites et d'échecs, et dont je ne savais plus grand-chose à force de trop la connaître. Ensuite en humanitaire, pour des institutions internationales. Là, les termes de référence étaient toujours les mêmes : témoigner des résultats de la folie meurtrière des hommes, de leurs souffrances, mettre un corps, un visage et une âme sur des chiffres abscons totalisant des victimes pas toujours innocentes. La réalité est complexe. Ce constat alimente la confusion. Les écrits et les images trompent facilement.

Alors, on s'étonne. Comment peut-on écrire sur des pays en paix, en convalescence ou en guerre alors qu'on n'y fait que passer ? N'y a-t-il pas là une vague imposture ?

Si partir me comblait à la fois d'excitation et d'angoisse, revenir me laissait triste et décalé. Moins présomptueux surtout. Après la découverte, le désarroi. Le déphasage était trop important. Rien à raconter, donc silence. On biaise, on distille des anecdotes, des bribes, quelques trucs drôles. Ils rient, posent des questions, s'intéressent un peu, se lassent vite, bâillent discrètement. Et on passe à autre chose. C'est naturel. D'ailleurs, je passais moi aussi à autre chose. Naturellement.

Ces récits sont rédigés à la première personne. Toutefois, le « je » n'est pas le sujet principal. Les personnages sont tous réels : Lama

Francis, Ernestine, Michael, la femme du Libéria ou les enfants érythréens ont existé et existent peut-être encore. Ces histoires ont bel et
bien eu lieu, telles que je les ai vécues. Relégués dans des archives au
grenier, des carnets de notes, des photos un peu passées, des articles
et des rapports jaunis ont consigné scrupuleusement ces impressions
et ces rencontres.

Scrupuleusement? Pas vraiment. Tout ce que j'ai publié à l'époque
constitue une demi-vérité ou un demi-mensonge. Il m'était interdit
de me répandre si je ne voulais pas passer pour un «non-profession-
nel». Un peu de cœur était bienvenu, oui, pour faire pleurer dans
les chaumières, les larmes n'étant jamais très loin du porte-monnaie.
Mais en réalité, l'honorable institution qui salarie son «messager», son
rapporteur, son témoin, n'a cure de ses émotions et de ses états d'âme.
Le superviseur biffe à toute vitesse ces «niaiseries» qui n'intéressent
pas le public-cible. Quand on est payé pour rendre compte, il est
incongru de mélanger le noble objectif de la mission avec l'insipide
subjectivité du missionnaire.

Il faut aider les victimes car les victimes portent toujours une
auréole. Et c'est ainsi que le credo commun des tiers-mondistes d'au-
trefois et des institutions internationales d'aujourd'hui considèrent
que les opprimés ou les victimes sont *toujours* de bonnes personnes.
Je n'en suis pas convaincu. La vérité est qu'elles sont parfois passées

maîtres dans l'art de geindre ou de manipuler les bons sentiments ou la mauvaise conscience de ceux qui sont censés leur porter secours. La surenchère joue aussi son rôle : on est moins enclin à aider une victime qui se tait qu'une victime qui se lamente haut et fort. Par ailleurs, un opprimé peut passer rapidement dans le camp des bourreaux. Constat qui dérange mais constat quand même. Il faut aider, bien sûr, mais n'être pas dupe.

Ce recueil est donc la face cachée de ce que j'ai écrit il y a longtemps. Il rassemble des instantanés de ma réalité « objective », vécus à des moments précis, avec ces « niaiseries » censurées ou autocensurées. *Travers de routes* décrit ainsi les cahots en chemin d'un jeune homme curieux pétri d'illusions. Avec du recul, il tente aussi, et surtout, de témoigner sur ses moments de doute, d'impuissance, d'euphorie, qui constituent l'ordinaire de l'humanitaire en mission dans ces pays (temporairement) anéantis.

La mémoire est comme un château hanté. Il faut rappeler ses esprits, écouter jusqu'au bout ce qu'ils ont à nous dire pour qu'ils puissent enfin disparaître, libérés.

Juin 2014.

UPINGTON - 1978

La discrimination raciale, issue de la politique de développement séparé (ou apartheid) sévit en Afrique du Sud, pays le plus riche du continent africain.

Gorge sèche, gourde vide et route déserte boycottée par les automobilistes, jamais, non jamais, je n'atteindrai Johannesburg avant la fin de la journée.

La périphérie des villes d'Afrique du Sud ne déroge pas à la règle : morne et moche. Celle d'Upington n'a donc rien de remarquable : un panneau indicateur tremblote sous le vent sec, une poignée d'arbustes rabougris s'étiole aux pieds d'eucalyptus malingres, un entrepôt envahi par des pneus usagés, une station-service en contrebas et une route abandonnée qui soubresaute sous la chaleur. Ce spectacle m'est désormais familier. Du Cap à Durban, de Bloemfontein à Mbabane, de Lüderitz à Upington, quatre mois d'errance solitaire parcourus en stop en Afrique australe m'ont enseigné la patience sous un ciel changeant et un vent atrabilaire. Mais la délivrance d'une voiture qui enfin ! s'arrête, la rencontre éphémère mesurée en kilomètres avec un autochtone bienveillant, bavard, muet, ombrageux, accueillant, la brève et intense complicité unissant deux univers étrangers sous le saint patronage de la route ont – et c'est une certitude maintenant établie – transformé l'adolescent confus en jeune adulte conscient de la fragilité de ses convictions.

J'ai parfois partagé des nuits claires avec l'Étoile du Sud, emmitouflé dans un sac de couchage, planqué derrière des arbres chétifs, en compagnie d'oiseaux, de chips, de sandwiches mous et de coca tiède vite assiégés par des bataillons de fourmis. J'ai joué au bridge jusqu'à l'aube avec trois flics rubiconds de Pietermaritzburg qui m'avaient pêché sur un banc de la gare routière. J'ai confondu les villes de Vryhead et Volkrust, perdant un temps précieux sur le chemin du Swaziland. En Namibie, j'ai rencontré des Nazis dans un bar de Lüderitz. Au Cap, lors d'une virée exceptionnelle dans un ghetto noir, j'ai réalisé que la couleur de ma peau blanche suffisait à susciter la haine.

*

Quelques mois plus tôt, je claque la porte d'une université de province et ses légions de théories mouvantes selon les modes et les chapelles. J'abandonne les cours magistraux, dégote un boulot inepte dans une grande entreprise pétrolière et planifie ce voyage avec l'enthousiasme de mes vingt ans. J'inquiète surtout mes parents avec des mots comme « espace, liberté, expériences, route et rencontres », puisés chez Jack London. Pas d'itinéraire, aucun plan précis. Je dispose d'un passeport muni d'un visa de six mois et d'une seule adresse, celle de Rosemary, une ex-fille au pair qui s'était occupée de mes frères et moi à Biarritz. Mariée depuis avec un pasteur anglican chargé de mettre en place une église multiraciale, ils viennent de s'établir dans une banlieue aisée du Cap.

Ce choix déchaîne l'incompréhension de mes amis. On aurait compris la quête du Nirvāna et la fumette au Népal, la transe mystique dans un *ashram* ou les *khlongs* de Bangkok. À la fin des années 70, l'Afrique du Sud figure au palmarès des pays parias. Il provoque, au pire, l'hystérie des militants de gauche, au mieux, un froncement de sourcils désapprobateur de la société bien-pensante, celle de mon entourage immédiat.

En 1978, l'Afrique du Sud est raciste dans sa Constitution, anti-communiste primaire et génère l'instabilité chez ses voisins nouvellement indépendants ou en voie de l'être. Elle considère les Chinois comme des Noirs et les Japonais comme des Blancs, fait du business avec Israël – son jumeau paria – et snobe les conciliabules internationaux. L'apartheid d'un côté, le boycott de l'autre, même si des ponts entre ces deux pôles subsistent en douce. Les méchants Blancs contre les bons Noirs, telle était la vérité édictée par l'intelligentsia. Une vérité absolue qui puise sa doctrine dans un fourre-tout pétri de mauvaise conscience issue du colonialisme et assaisonnée d'une pincée de culpabilité niaise version *Case de l'oncle Tom*.

Je subodorais que tout cela était vrai mais je me foutais de la politique de gauche, de droite, raciste ou pas. Franchement, je voulais dénicher un pays insolite, voilà tout, et remplacer mon existence en dents de lait par de l'aventure et de l'adrénaline. Je voulais voir, certes pour mieux comprendre mais aussi, certainement, pour prendre du bon temps.

Quatre mois de kilomètres et de rencontres avec des inconnus sympathiques ou bougons n'ont en rien édulcoré cette vision raciste et ténébreuse du pays de l'apartheid. J'ai observé la complexité de cette nation, la bêtise de ce système absurde et alambiqué, la richesse arrogante de la minorité blanche, la pauvreté de la majorité noire, main d'œuvre bon marché et corvéable à merci. Constat indéniable. Pourtant, au milieu de cela se sont greffées des précisions inattendues et impertinentes. J'ai rencontré des Blancs pauvres, des Noirs riches, des Indiens rusés, des métis mis au ban de part et d'autre, des campagnes splendides qui auraient pu facilement nourrir toute cette population et sa descendance. J'ai rencontré de gentils et généreux fermiers boers ainsi que de vrais cons, des Noirs racistes et des Blancs qui ne l'étaient pas trop, ou un peu, ou beaucoup, ou passionnément. La diversité des scénarios a rendu floue la frontière entre la vérité encadrée et la réalité subtile.

Partir, en ces temps-là, signifiait l'isolement. Pas d'internet, pas de mails, pas de réseaux sociaux et un téléphone hors de prix dès que l'on quittait son indicatif interurbain. Mais comme le pèlerin qui revient de Compostelle, j'ai trouvé ma voie. Cent soixante jours à côtoyer l'injustice, plus cent soixante jours à me colleter avec moi-même, le pouce levé dans la solitude des carrefours, ont engendré la décision de toute une vie : celle de voyager et d'aider. Dorénavant, mon existence allait s'articuler autour de ces deux verbes du premier groupe. D'ailleurs, pas plus tard que la veille, j'avais envoyé une lettre de Karasburg informant officiellement mes parents, d'une plume fervente que j'espérais émancipée, de l'état de mon nouveau statut de jeune adulte de vingt ans.

*

En attendant, la gourde est vide, il fait chaud et je suis toujours en rade à Upington.

Je traîne mon sac jusqu'à la station-service où je compte acheter une bouteille d'eau et un casse-croûte mou au goût anglo-saxon. Un camion s'arrête au même moment dans un bruit de locomotive à vapeur. Un chauffeur noir en descend et se dirige vers la station en étirant les bras. Cela me donne une idée. J'entre, j'achète de l'eau et reviens me poster près du poids lourd.

Au bout de quelques minutes, le chauffeur réapparaît, se gratte l'entrejambe et, après un bref regard sur ma personne, remonte d'un coup de rein dans sa cabine. Je m'approche.

— S'il vous plaît, monsieur, vous ne voudriez pas m'emmener à Jo'Burg?

— Je ne vais pas à Jo'Burg.

— Vous êtes sûr?

Il hausse les épaules, évite mon regard et enclenche le démarreur.

— Juste quelques kilomètres alors, histoire de sortir d'ici. Je suis coincé depuis au moins cinq heures. S'il vous plaît.

— Non, je vous dis que je ne vais pas à Jo'Burg.

Pourtant, la plaque d'immatriculation commençant par TJ (Transvaal Johannesburg), l'adresse et le numéro de téléphone du transporteur figurant en rouge sur la bâche laissent supposer le contraire. Son « non » bref et son ton sec balaient le fugitif espoir.

– Bon, tant pis, merci quand même.

– Ouais, de rien.

Je reprends mon sac, refais en sens inverse le chemin vers les maigres eucalyptus. J'aurais dû m'en douter. En quatre mois, pas un automobiliste noir ne m'a pris en stop. C'est d'ailleurs interdit pour lui comme pour moi. Surtout pour lui, en fait. Ici, le Blanc conduit et le Noir s'assied derrière dans la benne avec les chiens du maître, les objets divers et les poubelles. Aucun contact autre que professionnel, c'est-à-dire de supérieur à subalterne, n'est autorisé par l'apartheid. Il n'y a, du reste, plus besoin de lois, un réflexe inné et le bon sens enfoui dans chaque tripe de chaque habitant altèrent tout rapprochement. Les plages sont séparées, les toilettes sont séparées, les entrées des bâtiments publics sont séparées, les wagons, les logements, les écoles, les ascenseurs en dehors des heures de bureau sont séparés. Tout est séparé. À bien y réfléchir, ce qui est étonnant et qui crée un malaise, c'est qu'on s'y habitue très vite. On peut même voyager et traverser le pays sans voir, ou presque, le sombre revers de la médaille étincelante.

Le camion passe devant moi dans un fracas de deuxième poussée à fond et se dirige vers ma destination inaccessible. J'explose dans le vide : put... de b... de m...! put... de pays! put... de route! Put... de poussière!

Le camion ralentit et s'arrête dans un *pssshhh* caractéristique, en haut du faux plat, à trois cent mètres de ma carcasse résignée. En panne? Je scrute l'engin. Rien ne se passe pendant quelques secondes. Puis un bras sort de la cabine et exécute un geste qui s'interprète par «amène-toi!». D'abord incrédule, je trottine vers le camion ne quittant pas des yeux la cabine, d'où surgit une nouvelle fois le bras, plus agité. «Grouille-toi, bon sang! Tu te magnes, maintenant, oui ou merde!» Je cours, ouvre la porte, balance mon sac à dos sur la banquette arrière et referme la lourde portière, réjoui.

– Merci!

Il ne répond pas, occupé à passer les vitesses et à scruter ses rétroviseurs. La route défile, monotone. Dans la cabine, le silence prolonge la gêne du début. Je sens que ça va être long.

– Cigarette?

Il fait non de la tête.

– Je peux?

Toujours non. Je me prépare à rouler six cents kilomètres rectilignes dans le mutisme et l'embarras. Mais ça vaut la peine et je me résigne tranquillement. Après tout, j'avance. Ma tête commence à dodeliner.

– BAISSEZ-VOUS !

– Hein ?

– Baissez-vous, là, maintenant, bordel !

Je me plie en deux au moment où une voiture nous croise.

– C'est OK, maintenant.

Visiblement, il ne veut pas qu'on nous voie ensemble, lui le chauffeur noir et moi le passager blanc. C'est contre-nature.

La route traverse du vide sableux, piqueté ici et là d'arbres efflanqués, de champs jaunes sans bétail à l'horizon et de quelques panneaux signalant que le prochain bled est encore très loin. Je dodeline de nouveau, bercé par le ronron du moteur et la monotonie du paysage.

De la musique envahit soudain la cabine.

– J'aime bien, c'est qui ?

Il me le dit. Je ne connais pas. J'évoque Myriam Makeba et Johnny Clegg. Il esquisse une moue dédaigneuse.

– Je m'appelle Damien. Je viens d'Europe.

Il daigne enfin me serrer la main. Une poignée brève et rugueuse.

– Qu'est-ce que tu fais par ici, si loin de ton pays ?

Il s'appelle ou se fait appeler Michael, il est xhosa[1], marié, a deux petites filles mais voudrait un garçon. Il s'estime heureux d'avoir ce boulot qui le transporte aux quatre coins du pays, y compris jusqu'à Gaborone, Maseru et Windhoek. On discute musique – le seul véritable trait d'union entre étrangers en Afrique – famille, aventure, et bien entendu apartheid. Il livre sa version des faits.

– Parfois, je me dis que l'apartheid a du bon, explique-t-il. C'est vrai, nous, les Noirs, sommes tellement différents de vous. Pourquoi vivrions-nous tous mélangés ? Ce pays est grand et il est inutile de vivre les uns sur les autres.

– Mais je n'ai rien à voir dans cet apartheid, moi. Tous les Blancs ne sont pas pour l'apartheid, vous savez. En tout cas, pas chez moi.

– Ah bon ?

Cette nouvelle le plonge dans des abîmes de réflexion. Une voiture approchant me précipite sous le tableau de bord.

– Tu vois, ici, le simple fait de t'emmener dans mon camion pose un problème. Je risque ma place. C'est insensé, je ne fais rien de mal. Je prendrais bien une de tes cigarettes, finalement…

---

1. Une des principales ethnies de l'Afrique du Sud.

*

Les six cent kilomètres sont avalés dans un désordre sympathique entremêlant cigarettes, pauses-pipi, biscuits et chips, bouteilles d'eau extirpées de la glacière. La musique et le dépeuplement favorisent les confidences. Sa famille, sa fille surtout qui réussit bien à l'école – «elle veut être avocate, elle va en avoir du boulot!» –, sa mère à la santé fragile, le système injuste dans lequel tous ses frères de sang doivent lutter dans ce pays. Il dit souvent que c'est son pays mais qu'il s'y sent comme un étranger, qu'il n'a que le droit de se taire. Et moi, je débute ma vie d'adulte sur un vieux continent où tout semble avoir déjà été accompli, je lui explique ma quête de l'ailleurs, du dépaysement, des espaces à explorer et de la souffrance du monde que je voudrais un peu éponger, rien de moins. Je lui ressors aussi le slogan en vogue dans les campus.

– Chez nous, on se bat pour conserver nos privilèges de petits-bourgeois, tu vois.

Il voit mais il se marre. Il aimerait bien en avoir, lui, des privilèges. Ses épaules larges s'agitent, mises à rude épreuve par un rire caverneux jailli du fond de ses entrailles.

En fin de compte, Michael n'est plus un Noir d'Afrique du Sud conduisant son camion sur une route isolée et je ne suis plus un Blanc d'Europe visitant un pays lointain et honni. J'oublie la couleur de sa peau et lui, la mienne. Je suis ici et pas ailleurs, fort loin de mes balises de sécurité, dans ce camion, peinard, à grignoter du diététiquement incorrect, boire au goulot de la même bouteille et m'encrasser les poumons. Deux compères, unis dans le désert, partagent des instants de la vie de l'autre avec la liberté et la confiance que produisent souvent les rencontres éphémères.

Pas pour longtemps. Peu à peu, l'atmosphère des faubourgs remplace celle des étendues vierges. Je plonge de plus en plus souvent sous le tableau de bord. Sa décontraction flanche devant la réalité provisoirement occultée. Il y a de plus en plus de voitures, de routes, de maisons. La terre battue s'écarte au profit du goudron. Il éteint la musique, lorgne davantage dans ses rétroviseurs, cause déjà moins, ne plaisante plus. La magie s'effrite.

— Il faut que je t'abandonne ici. Désolé.

— OK.

Il n'y a rien d'autre à dire. Le camion s'engage dans une petite rue calme, le moteur tourne encore quand je lui fais mes adieux.

— Merci, Michael, c'était sympa. Bonne chance.

— Bonne chance à toi aussi. Sois heureux.

Déjà, son souhait est parasité par les tristes interférences dont l'origine se perd dans la nuit des temps de l'apartheid. Il redevient le Noir, au statut inférieur, et il n'en mène pas large face au risque pris. Je happe mon sac, ouvre la porte et me retrouve nez à nez avec un gros problème.

*

Le type en face de moi concentre en lui le parfait cliché du Blanc sud-africain : short beige, chemise beige, chaussettes beiges, visage gras et rougeaud, œil bovin. Le plouc du *bush*, mais parfaitement au courant de son rôle de défenseur de la loi et de champion d'un système parfaitement huilé.

– Qu'est-ce que vous fabriquez avec ce cafre ? Vous ne connaissez pas la loi ? Ooh ! je vous parle !

– C'est rien, c'est rien.

– Comment ça « c'est rien, c'est rien » ? Ça ne va pas se passer comme ça, mon gars. Vous venez d'où, d'abord ?

Il sort un calepin de sa chemise beige et se met à noter le numéro de téléphone du transporteur. Michael, affalé sur le volant, transpire à grosses gouttes, imaginant le pire : dénonciation à son patron, descente de flics, chômage, enfants sans avenir. Je rejoins le milicien.

— Allez, ce n'est pas grave, monsieur. Je faisais du stop et j'ai insisté pour qu'il me prenne et…

— Ouais ouais, c'est ça. Vous n'êtes pas censé monter dans un véhicule conduit par un cafre, vous le savez, ça ? Point final. Je vais téléphoner à son patron. Le reste, je m'en fous.

— *Aaah c'mon, sir, he's just a Black !*[2]

La phrase m'est sortie comme ça. Toute droite et toute ronde. Avec le ton méprisant du Blanc vis-à-vis du Noir, du cafre, du primitif, et celui de la connivence entre camarades blancs assiégés par la plèbe nègre. La phrase a jailli comme si ces quatre mois m'avaient métamorphosé en un de ces vigiles de l'apartheid, misérables matons de l'ordre établi. J'ai inconsciemment relégué Michael, ce nouvel ami, au rang de sous-homme dominé. Un pur réflexe conditionné par ma couleur de peau et quatre mois passés dans son pays et celui de ce connard de Blanc.

Le type s'arrête net, me fixe avec attention, hésite quelques secondes, esquisse enfin un sourire plein de complicité. Finalement, il hausse les épaules et lance :

2. « Aaah, allez monsieur, ce n'est qu'un Noir ! »

– Yeah, you're right. Who cares ?[3]

Il fait un signe en direction de Michael qui démarre sans demander son reste. Le gars s'éloigne tandis que le camion disparaît. Je reprends mon sac.

Que je le veuille ou non, la seule couleur de ma peau, et rien d'autre, m'a rangé du côté des gardes-chiourmes.

Michael m'a tiré du pétrin. J'ai fait de même avec la seule arme qui m'est venue à l'esprit : cette pirouette navrante mais providentielle.

*

Je me suis résolu à mettre en vente la maison de famille. Un travail colossal de nettoyage et de rangement s'imposait. J'ai ainsi retrouvé dans un tiroir de la chambre de ma mère, dans une grande enveloppe collée par l'humidité, toutes mes lettres d'Afrique du Sud. Anxieuse, elle avait exigé de la tenir au courant de mes pérégrinations. Trente ans plus tard, en relisant ces lettres remplies d'une écriture fine et presque enfantine, je retrouve, la gorge nouée, des odeurs et des détails enfouis dans le capharnaüm de ma mémoire.

---

3. « Ouais, t'as raison. Qu'est-ce que ça peut faire ? »

Depuis, Nelson Mandela, l'ancien prisonnier de Robben Island pendant vingt-cinq ans, est devenu l'une des figures les plus respectées de la planète. Il a goûté une juste retraite de nonagénaire nobélisé. L'apartheid est enfin démantelé (même s'il persiste encore dans certains automatismes), le sida fait maintenant des ravages, l'insécurité empoisonne la vie quotidienne, l'économie est en dents de scie. Certains Blancs quittent peu à peu ce pays qu'ils ne reconnaissent plus ou ne veulent plus connaître.

Des images sépia de routes vides dans un paysage somptueux, de Blancs rêches et paternels m'offrant le gîte et le couvert, d'existences séparées dans un territoire truffé de paradoxes, ont prouvé que la réalité défie les idéologies à l'emporte-pièce. Depuis 1978, je suis retourné deux fois en Afrique du Sud. Cela ne m'a pas ému outre mesure. Seule a compté la première fois.

MC LEOD GANJ - 1980

L'Inde est gouvernée par Indira Gandhi, fille de Nehru, à l'origine de son alliance avec l'URSS pour contrer la prédominance américaine et l'ascension de la Chine. La majorité des habitants du deuxième pays le plus peuplé du monde vit avec moins d'un dollar par jour.

1959

Les premiers réfugiés tibétains fuient leur Himalaya natal empiété, puis finalement annexé par la Chine. Le dalaï-lama s'installe à Dharamsala, au nord de l'Inde, et met en place un gouvernement provisoire en exil. Malgré la fermeture officielle de la frontière, près de quatre-vingt mille Tibétains réussissent à passer de l'autre côté. Mais ils n'aiment pas l'endroit : ils trouvent les indigènes hostiles, la nourriture infecte, le climat trop chaud, les opportunités économiques décevantes. La plupart de ces réfugiés sont des paysans et des pasteurs. Seulement, il n'y a pas de terres à exploiter ; une évidence qui ne date pas d'hier. Beaucoup mourront dans des emplois précaires de construction de routes, victimes de maladies ou de glissements de terrain.

1980

J'ai juste vingt-deux ans quand j'arrive à Mc Leod Ganj, alias *le Petit Tibet*, perché à deux mille mètres d'altitude sur les contreforts de l'Himalaya.

Cynthia, une Néo-zélandaise, exulte – de retour après deux mois passés dans son pays – à la vue des maisons faites de bric et de broc, serrées les unes contre les autres comme si elles craignaient de dégringoler dans le précipice. Des drapeaux tibétains coiffent chaque branche d'arbre. Affublée de la tenue bouddhiste, crâne rasé, sourire béat, petit sac mou transportant le strict nécessaire, elle exhale cette félicité propre aux nouveaux adeptes du dalaï-lama. Elle enseigne l'anglais et le sport au *Tibetan Children's Village*. Elle est aussi guide, occasionnellement, et très gentille.

– Tu verras, tu seras bien ici. Je vais tout te montrer.

Elle désigne le logement enfumé que je vais partager avec des routards, des poules, des cochons et une famille de Tibétains aux dents pourries – les logeurs – qui ne veulent être payés qu'en cash pour un matelas sans doute infesté de punaises. Treize heures de bus entre Simla et *le Petit Tibet* m'ont esquinté le dos et anesthésié la tête. Hagard, épris de reconnaissance pour la bonté de Cynthia, je me fends en remerciements éperdus. Se doucher et dormir constituent mon désir ultime.

– Demain, me dit-elle, je te retrouve au petit-déjeuner, après ma méditation.

*

Les coqs, redoutables réveils écologiques qui prolifèrent aux quatre coins du monde en voie de développement, me tirent d'un sommeil profond. L'aube point. Des braseros noirâtres laissent échapper un fumet odorant, d'innombrables volutes s'étiolent sur les cimes des arbres moussus. Il pleut. L'humidité et l'altitude ankylosent mes muscles flétris par la dureté du matelas. Je perçois des voix sourdes et monocordes, probablement les prières de quelques moines lève-tôt.

Au petit-déjeuner, servi sur une terrasse branlante, Klaus se joint à moi. Grand, maigre, longs cheveux blonds, bras tachetés et yeux rouges. Il a très, très mauvaise mine.

– La paix soit sur toi, me dit-il en guise de salut.

– Merci. Sur toi aussi.

Un jour, Klaus a déserté son usine Volkswagen de Stuttgart pour partir «chercher la Vérité». Il a essayé de la trouver à Katmandou («trop touristique, trop chère, trop de cafés qui te servent des milk-shakes à la banane, des pancakes et du Supertramp»), à Pokhara, au pied de l'Annapurna («trop chère, trop de monde, on se marche dessus»), au Sikkim («c'est bien mais on ne peut y rester que quatre jours et puis c'est cher»), à Darjeeling («il pleuvait tout le temps»), pour finalement aboutir sur ces pentes fourchues teintées d'exotisme tibétain où «c'est cool, y'a de la bonne ganja, des filles bien chaudes de chez nous, et puis les gens sont tranquilles, pas comme les Indiens…». Etc.

Mc Leod Ganj coagule en ses flancs des Occidentaux fauchés (hippies, junkies, zonards, paumés) en quête de «spiritualité», d'air pur, de fumette et de liberté des sens. Partis «chercher la Vérité», ces hordes de jeunes échouent pour beaucoup dans le cul-de-sac indien, sans un sou, presque nus, certains survivant sur des morceaux de carton. La faim, la drogue, les maladies les mènent directement à la fosse commune dans l'indifférence générale ou le plus parfait mépris. À force d'errer dans ces montagnes, sur les bords du Gange, à Bénarès ou sur les plages de Goa, passant leur temps à mendier de quoi se piquer les veines, les émois du corps ont étouffé leur bon sens. Des filles en manque, hallucinées et squelettiques, n'hésitent plus à se faire rémunérer l'entrejambe de quelques roupies. Résultat :

— Tu veux une fille, *brother* ?

— Non, merci. Je sors d'une déception amoureuse.

— Bon. Si tu changes d'avis, fais-moi signe. Mais comme ça, entre amis, hein ?

Puis vient la diarrhée. Omniprésente, elle aussi, comme les coqs, dans les confins insalubres.

— Méfie-toi de l'eau, explique-t-il. C'est crade, ici. Les Tibétains sont cool, *brother*, mais ils sont crades.

— Oui, fais-je, en scrutant mon verre d'eau.

Il en connaît un rayon sur la diarrhée, Klaus, et sur les endroits pas chers et cool.

— Et la Vérité ?

— Quoi ?

— Tu as dit que tu cherchais la Vérité. Tu l'as trouvée, Klaus ?

Il se renfrogne instantanément.

– Je cherche, je cherche. Bon, allez, bonne journée. *So long, brother.*

– *So long, so long.*

Gurdjieff[4] a-t-il parcouru les sentiers de Mc Leod Ganj ? Trouve-t-on ici des hommes remarquables ? Et d'ailleurs, pourquoi la Vérité devrait-elle se trouver dans l'Himalaya plutôt que dans les Vosges ?

Sur ces entrefaites, arrive Cynthia, la mine abattue. Sa méditation a dû échouer. Elle n'a pas dû réussir à élever son niveau de conscience lui permettant ainsi de cristalliser son moi profond et d'atteindre la véritable maîtrise intérieure, laquelle a dû provisoirement la quitter lors de son bref intermède au pays.

– Ma mère est morte.

Je déglutis. Elle secoue la tête, la bouche ouverte, cherchant de l'air comme une carpe hors de l'étang. Tout en examinant quelques moineaux pleins d'espoir qui zieutent les miettes du petit-déjeuner, le cerveau de Cynthia mouline comme si le choc pouvait être neutralisé par l'action immédiate.

– Je dois repartir aujourd'hui même. Il faut que je m'occupe de tout, mon père en est incapable. Je dois abandonner les enfants.

– Quels enfants ?

---

4. Georges Gurdjieff est une célèbre figure de l'ésotérisme de la première moitié du XXᵉ siècle dont les méthodes visaient à promouvoir l'auto-observation et «le rappel de soi» afin d'acquérir une conscience pleine et libre de soi-même.

– J'espère que j'aurai un billet d'avion…

– Quels enfants?

– … pas trop cher.

– Quels enfants?

– Ceux du *Tibetan Children's Village*, dit-elle en me fixant.

Et c'est ainsi que j'allais me retrouver professeur d'anglais et de géographie tibétaine.

*

Le directeur de l'école, un dénommé Champo, m'énonce, le sourire éternellement vissé sur son visage en forme de pomme, les conditions de mon bénévolat. Pour l'occasion, j'ai mis une chemise presque propre. Mes ongles sont noirs, mes orteils itou et malgré les récurages frénétiques, impossible de se débarrasser des poussières incrustées par manque de savon. Quant aux cheveux – que je porte assez longs comme le symbole de ma liberté – ils dégoulinent piteusement. La faute à l'averse soudaine qui nous est tombée dessus. Un petit hangar entouré de quatre stupas ornés de drapeaux est pompeusement baptisé *Tibetan Children's Village. Administration Office*.

– Voilà. Cynthia m'a expliqué le problème. Quelle triste nouvelle, *very sad, very sad.* Vous parlez anglais, Damien ?

– *A little bit.*

– Si, si, il le parle bien, intervient Cynthia.

Les épaules de Champo tressautent d'un rire silencieux. Il se marre tout le temps, Champo, et je me demande pourquoi.

– Et la géographie ? demande-t-il.

– En fait, j'étudie la géographie à l'université, mais celle du Tibet, pour tout dire, euh… je ne la connais pas *très* bien. Euh… pas du tout, même.

– Aucune importance. Vous utiliserez notre bibliothèque. Le Tibet a une très belle géographie, vous verrez.

– La bibliothèque est installée dans le monastère principal, ajoute Cynthia. Nous allons te présenter pour qu'ils puissent te donner un laissez-passer permanent. Tu as de la chance, c'est un privilège.

Champo opine en souriant.

– Les enfants aiment aussi beaucoup jouer au basket.

– Ah, c'est bien…

– Vous jouez au basket, n'est-ce pas ? Nous avons un très joli terrain de basket qui nous a été offert par notre diaspora.

– C'est que…

– Je t'apprendrai les rudiments, coupe Cynthia pour me sortir de l'embarras, devinant *a)* que mes rudiments de basket s'arrêtent au banc de touche et *b)* que le temps presse.

Nous rencontrons mon lama instructeur et gardien de la clé de la bibliothèque du monastère juché à quelques centaines de mètres du centre. Âge flou, sourire communicatif, regard malicieux. Il est en train de se curer les doigts de pied sous un arbre, face à une vallée où s'activent des villageois dans des champs en terrasses. Je suis soulagé parce qu'il veut que je l'appelle Francis – son vrai nom tibétain étant imprononçable – et troublé car il parle le français comme un lettré des colonies, même s'il a un peu de mal à prononcer les « r ».

– Mais où donc avez-vous appris à parler notre langue ? demandé-je, stupéfait.

– Dans les liv*l*es. Z'aime pa*l*ticu*l*iè*l*ement Victo*l* Hugo.

Lama Francis est un homme lumineux, et pas uniquement parce que le soleil se reflète sur son crâne poli. Une aura limpide scintille autour de son *kesa*[5] rouge-brun. Pouvoir manier la langue de Victor Hugo sans avoir jamais mis les pieds dans l'Hexagone constitue une prouesse inouïe. Lama Francis a un beau sourire ravi, sans arrière-pensée.

---

5. Châle de moine drapé autour du torse.

Immédiatement, le courant passe entre nous. J'enseignerai donc l'anglais, la géographie tibétaine et… le basket, le matin, à une trentaine d'enfants âgés de huit à quinze ans. Les après-midis seront consacrés à la révision des bases de la géomorphologie et de la climatologie tibétaines, à condition que je déniche les manuels adéquats. Lama Francis sera mon guide, mon mentor et mon confident.

— Nous allons discuter de Victo*l* Hugo, se réjouit-il alors que l'entretien se termine. Et puis de *L*ousseau, Voltai*l*e, Pagnol, Pascal et De Noailles.

— Anna de Noailles ?

— Oui, oui. Ses poèmes sont t*l*ès zolis.

— Ah… bien. Et j'espère que vous allez m'instruire sur le bouddhisme et la géographie tibétaine.

— Bien entendu, bien entendu. À vot*l*e se*l*vice. Aimez-vous Cha*l*den ?

— Pardon ?

— Cha*l*den. Cha*l*den. É*l*ic Cha*l*den.

— Jamais entendu parler de ce philosophe. Qui est-ce ?

— Il éc*l*it de t*l*ès belles chansons. C'est un Tibétain de chez vous.

J'ai beau me creuser la tête, je ne saisis pas un traître mot de ce que baragouine Lama Francis. Cynthia s'agite nerveusement, son temps parmi nous est compté. N'étant pas familière du français, elle semble trouver cette discussion un tantinet fastidieuse.

La lumière surgit soudain.

– Aaah! ouiii! Éric Charden!

– Oui, É*l*ic Cha*l*den. Un de vos compat*l*iotes.

– Oui, il chante avec Stone.

– Stone?... Pie*ll*e?

– Non, pas Pierre. Stone. C'est une femme, sa compagne, je crois.

– Non, non. É*l*ic Cha*l*den est tibétain. Sa mè*l*e était tibétaine. Z'aime beaucoup les chansons de Cha*l*den. Un bon F*l*ançais tibétain.

Quelques heures plus tard, les larmes de Cynthia creusent des sillons sur ses joues alors qu'elle monte dans le bus du départ vers la Nouvelle-Zélande. Les passagers, serrés comme des sardines en boîte, se tortillent pour lui laisser une place près de la fenêtre. Quelques enfants courent derrière le bus qui s'ébranle dans un nuage de fumée vers la vallée. Le bras de Cynthia s'agite, le mien aussi. «Bye-bye!» piaillent les mômes. Le bus disparaît au détour d'un virage et demain, je commence les cours.

*

– De géographie tibétaine! s'exclame Klaus alors que nous dégustons une savoureuse omelette locale sur la terrasse.

– Oui. Et d'anglais.

– Un Français qui enseigne l'anglais en Inde à des enfants tibétains, c'est intéressant.

– Et le basket. Tu joues au basket, Klaus?

– Pas vraiment. Un peu à l'école. Et toi?

– Pareil. Ça promet.

Allongé sur le matelas, quelques doutes sur mes compétences pédagogiques s'immiscent dans les recoins de mon cerveau. Jusqu'à présent, ce dernier a été relativement épargné par l'accumulation de connaissances qui ont émaillé cette journée riche en rencontres. Que vais-je leur raconter, à ces bambins? Par quoi commencer? Je m'imagine défaillant devant une bande d'enfants hurleurs lançant des avions en papier, dans un chahut frénétique. J'étais en vacances, libre de toute contrainte, et me voilà pris au piège par les circonstances et la compassion. Une certaine fierté aussi d'avoir été élu remplaçant. La gloriole est une joie de courte durée.

Un couple en rut ahane de l'autre côté de la cloison, intensifiant mon sentiment de solitude face à l'épreuve. Puis la longue nuit blanche agrémentée de grognements de cochon et d'un coq insomniaque laisse place à une aube grise et humide. Le trac malaxe mon estomac comme à un matin d'examen.

*

La salle de classe est silencieuse. Trente-deux paires d'yeux bridés me dévisagent avec attention. Les fenêtres donnent sur les arbres. Au loin, un sommet enneigé supervise mes débuts.

– *My name is Damien.*

J'écris « Damien » au tableau. Les enfants rigolent.

– *Cynthia is gone. Her mother just died. I am replacing her. I am honoured to replace her.*[6]

Les enfants sourient, chuchotent et notent avec application sur leur cahier : « Her mother just died, I am replacing her, I am honoured to replace her. »

Peu à peu, mes craintes de la veille se dissipent, à mon grand soulagement. Ils sont gentils, attentifs et respectueux. Les présentations faites, je m'enhardis avec la fougue du débutant et reproduis les gestes

---

6. « Cynthia est partie. Sa mère vient de mourir. Je la remplace. J'ai l'honneur de la remplacer. »

de mes augustes prédécesseurs en arpentant la classe de long en large, psalmodiant les prétérits des verbes irréguliers. Après une heure de *put, put, put* et de *do, did, done,* un enfant lève le bras.

– Oui ?

– *We are tired now, teacher.*[7]

Reproduisant le mantra monocorde qui sourd du monastère tout proche, ses camarades acquiescent et marmonnent à l'unisson un « *Yes. Very tired now, teacher.* »

C'est le premier jour, pourquoi ne pas instaurer entre eux et moi un soupçon d'indulgence ? D'accord, message reçu. Ils s'éparpillent vers le terrain de basket comme des poussins dans une basse-cour. Eux savent y jouer, c'est évident. Je m'installe sur le banc de touche après avoir désigné le plus grand d'entre eux comme arbitre – un adolescent boutonneux et un peu obèse – rôle qu'il endosse avec fierté et brio si l'on en juge par son maniement du sifflet. Grâce à lui, j'apprends les rudiments que je dois enseigner. En fin de compte, ce métier est peinard.

L'après-midi, sur la route du monastère, je sifflote, enchanté de retrouver Lama Francis. J'ai hâte d'apprendre auprès de lui les bases

---

7. « Nous sommes fatigués maintenant, professeur. »

du bouddhisme tibétain, les préceptes de l'école Beluga, l'absence de désir. Mon humeur ambitieuse me pousse au défi suprême : devenir un bodhisattva (c'est-à-dire un être promis à l'Éveil) pour entrer dans le samsāra, lequel libèrera mon esprit des douleurs qui l'accablent. Pour le nirvāna, étape ultime, rien ne presse.

Je me sens prêt, les poumons remplis d'air cristallin, et m'ouvre à la sagesse des sommets. Enfin, j'essaie. Et je retrouve Lama Francis sur son banc. À ma vue, il rit sous cape.

– Z'ai tʃouvé un livʃe ! *Les Misʃables* de Victoʃ Hugo ! dit-il en brandissant un exemplaire de la Bibliothèque verte.

– Incroyable ! C'est une version pour enfants, m'exclamé-je, ébahi de trouver en pleine montagne indienne un ouvrage de mes jeunes années, lequel trône désormais sur une vieille étagère d'une chambre d'amis chez mes parents qui n'invitent jamais personne.

Lama Francis est surpris.

– Vʃaiment ?

– Oui, l'original est plus long, plus… compliqué. Celui-là est destiné aux enfants.

– Victoʃ Hugo a donc écʃit deux veʃsions ?

– Non, non. C'est l'éditeur, *the publisher*. Ils font ça pour mieux vendre.

Il fronce les sourcils devant tant de mercantilisme mais décide de le prendre à la plaisanterie.

— Voilà pou*l*quoi je le t*l*ouvais si facile à li*l*e.

Lama Francis veut m'entretenir de Victor Hugo. Je préfèrerais plutôt parler d'Éveil. L'urgence nous met d'accord.

— Il faut d'abord et avant tout que j'assimile les bases de la géographie tibétaine. Je suis sérieux, il en va de l'avenir des enfants dont j'ai provisoirement la charge. Vous comprenez, n'est-ce pas ?

Muni d'une clé séculaire, il pousse une lourde porte rouge sang, le sésame de la bibliothèque du monastère. Je retiens mon souffle. La petite pièce empeste le renfermé, un néon blafard clignote au plafond, des livres s'alignent sur des rayonnages tristes, trois pauvres chaises encerclent une table en formica. Je suis déçu. L'endroit ressemble à l'annexe d'une administration poussiéreuse. C'est ça, le temple du Savoir ? Le Graal de la Connaissance universelle ? Le saint des saints de la Sagesse divine ? Celle qui draine les âmes perdues sur les chemins de Katmandou, en se détournant désormais de l'Afghanistan pour cause d'invasion marxiste-léniniste ? Est-ce ici que se cachent les riches enseignements de la Première et Ultime Vérité ?

— Non, ici, c'est pou*l* les aut*l*es, explique Lama Francis avec son sourire malicieux.

– Quels autres ? demandé-je, chiffonné.

– Les ét*l*anzers, les visiteu*l*s. Il faut êt*l*e int*l*oduit pou*l* consulter les textes sac*l*és.

Puis il s'échappe via le sésame, me laissant seul avec les livres, vexé d'être pris pour un touriste.

*

Après une heure de recherches sous le néon, l'accablement triomphe. Il n'y a rien, rien du tout sinon un exemplaire de 1911 de l'*Encyclopaedia Britannica* qui aligne, sous la plume d'un certain Chisholm Hugh, les poncifs éculés que la géographie et les géographes manient avec brio.

« [...] Le Tibet est le toit du monde [...] Terre de contraste, le Tibet... [...] Le climat est rude et réputé hostile [...] Le ciel est d'un bleu profond [...] L'hiver peut durer six mois [...] » et ainsi de suite. Je me revois en train de réviser ma géo pour le bac, vautré sur le canapé du salon, obligé d'apprendre par cœur des platitudes qui – pas besoin d'être grand clerc – ne me serviront jamais. Je note avec application les sommets dépassant huit mille mètres : le Lhotse (8504 m), le Makalu (8463 m), le Cho Oyu (8201 m), le Shishapangma

(8013 m). Et comme c'est un «château d'eau», j'inscris aussi sur mon carnet les fleuves qui y prennent leur source et dont j'ai entendu parler : le Brahmapoutre, l'Indus, le Mékong, le Fleuve jaune, le Yang Tsé Kiang.

Sous la section «Géographie humaine», je recopie une citation, laquelle je crois intéressera mes petits écoliers lors d'une discussion informelle en anglais : «Les Tibétains sont réputés chaleureux, souriants, hospitaliers et souvent moqueurs.»

Moi (solo) :

– Do you think Tibetans are smiling?[8]

Les élèves (choeur) :

– Yes, we are, teacher![9]

Moi (solo) :

– And do you think you are tricky?[10]

Eux (choeur) :

– Yes, teacher, we are tricky, very tricky.[11]

---

8. «Pensez-vous que les Tibétains soient souriants?»
9. «Oui, nous le sommes, professeur!»
10. «Et pensez-vous être moqueurs?»
11. «Oui, professeur, nous sommes moqueurs, très moqueurs.»

Et ça se termine invariablement par un «*we are very tired now, teacher*!» et par du basket.

*

Plus tard, Lama Francis réfléchit.

– Une ca*l*te?

– Oui, il me faudrait une carte du Tibet. Je pourrais montrer aux élèves où se situe le… euh… Shishapangma.

– Je vois, je vois. Cela ne va pas êt*l*e facile, mon ami.

– En géographie, c'est important, une carte.

– Bien sû*l*, bien sû*l*…

Au fil du temps, mes ambitions d'Éveil et de samsāra se ramollissent face à ma mission pédagogique. Toutes mes facultés intellectuelles sont focalisées sur deux points : comment enseigner des choses dont j'ignore moi-même presque tout et comment faire pour ne pas le montrer.

J'angoisse au chant du coq devant mon ignorance en géographie locale. Si je compense un peu par des révisions du prétérit, il n'en reste pas moins que mes lacunes deviennent criantes jour après jour.

Les sommets enneigés des montagnes et le château d'eau ne vont pas satisfaire, à long terme, les connaissances de mes élèves sur la question.

– Tu n'es là que pour deux semaines, maintenant. Cool, *brother*! dit Klaus, un ravioli dégoulinant dans la bouche alors que je me confie à lui au dîner.

– Oui mais, pour être honnête, je ne connais rien sur la géogr…

– Ils s'en foutent de ta géographie, *brother*! coupe-t-il, tout le monde s'en contrefout! La géographie tibétaine, le Tibet, les Tibétains, c'est du chinois pour la plupart des gens.

Il ricane à son bon mot avant d'ajouter :

– T'angoisse pas, *brother*, laisse-toi aller, c'est Shangri-La[12] ici.

Klaus a raison. Les enfants s'en fichent. Le basket réconcilie mes angoisses. Et ils m'aiment bien, je crois.

Lama Francis m'aime bien aussi.

– Tu vas me manquer, mon ami.

Je repars le lendemain. Je l'ai annoncé à un Champo fidèle à lui-même («very good, very good») et viens informer Lama Francis de la fin de nos conversations quotidiennes. Il contemple la vallée fumeuse

---

12. Shangri-La est un lieu imaginaire décrit dans le roman *Lost Horizon* de James Hilton en 1933. Le temps y est détendu, l'atmosphère paisible et tranquille.

et les champs en terrasses. L'air est léger et les oiseaux gazouillent dans les feuillages.

— Vous aussi, vous allez me manquer, Francis.

— Ze n'au*l*ais plus pe*l*sonne pou*l* pal*l*er de Victo*l* Hugo.

— Non mais, pour tout vous dire, je ne connais pas très bien l'œuvre de Victor Hugo.

Il s'esclaffe.

— J'avais bien comp*l*is, mon ami.

La brise chuchote dans les arbres. Il fait bon.

— Es-tu satisfait de ton séjou*l* pa*l*mi nous ? demande-t-il.

— Oui, mais je regrette d'avoir échoué sur la géographie tibétaine.

— La zéog*l*aphie tibétaine n'a aucune impo*l*tance. On ne *l*ent*l*e*l*a jamais chez nous et tous ces enfants vont pe*l*d*l*e chaque zou*l* un petit peu de *l*eu*l* cu*l*tu*l*e.

— Je vous trouve bien pessimiste.

— Non, pas pessimiste. Il faut accepter. Les Chinois sont t*l*op nomb*l*eux. Il faut accepter, c'est tout.

Je rumine quelques instants ces sombres paroles qui détonent dans sa bouche. Fatalisme ou réalisme ? Difficile à dire.

— Lama Francis ?

– Oui ?

– Pensez-vous que la philosophie tibétaine ait un sens et un avenir ailleurs qu'ici ?

– Que veux-tu di*l*e ?

– C'est une question qui me chipote. Elle forme un tout avec ce paysage, elle se confond avec le calme de ces montagnes, elle convient aux solitaires et aux ermites mais pas forcément aux habitants d'Europe ou d'ailleurs. C'est une philosophie qui semble n'avoir de sens que sur les cimes. Pas en plaine.

– Tu te t*l*ompes.

– Pourquoi ?

– Pa*l*ce que l'Êt*l*e Sup*l*ême est p*l*ésent pa*l*tout. À toi de le che*l*cher, de lui pa*l*ler. Ici ou ailleu*l*s, aucune impo*l*tance.

– J'aurais aimé vous parler de l'Éveil, Francis.

Il ne répond rien. Je prends congé, lui dis adieu. Il ne répond toujours rien, comme s'il n'avait pas entendu, son éternel sourire aux lèvres, si exquis, si pur. Parfaitement immobile, silhouette penchée vers la vallée, main droite sur son chapelet, Lama Francis semble prier. J'espère qu'il adresse cette oraison à la communauté des saints tibétains et leur demande de protéger son ami qui le quitte et qu'il ne reverra jamais.

Le lendemain, tous les enfants sont là pour me dire au revoir. Klaus est ému, j'ai le cœur serré. Ils courent derrière le bus et disparaissent dans le virage.

À Mc Leod Ganj, je n'ai évidemment pas trouvé l'Éveil. J'ai toutefois révisé mes prétérits et acquis une relative connaissance de la géographie tibétaine. Je n'ai approfondi ni la Vérité, ni Victor Hugo, encore moins Anna de Noailles. C'est la mémoire du sourire angélique du lama que je garde bien enfouie.

Et puis celle, essentielle, de cette évidence : «les Tibétains sont chaleureux, souriants, hospitaliers et souvent moqueurs. »

NARAN - 1980

Le Pakistan vit depuis trois ans sous la férule d'un régime militaro-auto-ritaire dirigé par le général Zia qui a pris le pouvoir en exécutant l'ancien Premier ministre, Ali Bhutto. Il fait adopter une nouvelle Constitution, encore en vigueur à l'heure actuelle. Le Pakistan accueille près de deux millions de réfugiés afghans fuyant les combats dans leur pays envahi depuis un an par l'Union Soviétique.

Le Pakistan ne m'est pas sympathique. Base arrière des fanatiques enturbannés qui prêchent Allah une kalachnikov à la main, gouvernement ambigu et corruptible dirigé par une élite frelatée que l'on retrouve dans tous les recoins de l'ONU, femmes brûlées à l'acide pour expier un « crime d'honneur », enfants trimant dans des briqueteries, sans oublier la surpopulation, la saleté endémique et la xénophobie. Non, décidément, le pays est à placer sur la liste des endroits à éviter. En résumé, un territoire malsain rempli de quidams engorgés de testostérone, d'abrutis aux yeux injectés de sperme et de femmes fantômes opprimées sous leur burka.

En 1980, le Pakistan est déjà un pays pourri et j'en ai ma claque.

Juché sur le toit d'un bus multicolore qui fait halte à la gare routière de Muzzafarabad, cette réflexion amère me paraît sur le moment une vérité absolue. C'est le ramadan et, déshydraté, je bois en catimini une lampée d'eau tiède planquée dans ma besace. On ne boit pas entre le lever et le coucher du soleil sinon c'est la lapidation. Mais le soleil tape dur, la sueur dégouline de partout et les sièges en bois ont transformé mon derrière en pâte de curry. Je meurs de soif, et du haut de mon toit et de mes vingt-deux ans, je les emmerde. Mais c'est sans compter sur un trop-plein-de-testostérone qui me surprend et me lance une pierre qui m'entaille le mollet. Je couine de douleur et étouffe un juron, le bon sens me soufflant que je n'aurai pas le dernier mot. Sale pays.

J'ai le cafard. Je viens de quitter Stephen, un Australien sympa avec qui j'ai voyagé sur les routes du Cachemire et du Pendjab indiens. Il est rentré au pays, terrassé par la diarrhée. On s'était rencontré à Dharamsala, près de Mc Leod Ganj. Il voyageait avec Michelle, une

Suissesse de Lausanne. Nous avions décidé de faire la route ensemble et comme le Pakistan est tout proche – et pas cher – et que pourquoi pas, nous avions traversé l'unique frontière opaque séparant les deux frères ennemis.

Tout de suite après, les ennuis ont commencé. Surtout pour Michelle.

En tant que femme libérée portant le pantalon et le chemisier vaporeux, très vaporeux, elle a vite déchanté face au choc culturel. Tous les hommes la reluquaient, bavaient sur son passage, ou fronçaient les sourcils, ou voulaient la peloter, pour ne pas dire plus. Stephen et moi nous sommes *de facto* transformés en gardes du corps. Nous étions obligés de partager une chambre d'hôtel dont les portes étaient systématiquement percées de trous de voyeurs que nous bouchions avec des tampax. Un petit matin, à Peshāwar, elle s'est éclipsée pour acheter des cigarettes. La seconde suivante, elle était cernée, palpée par une horde de brutes jusqu'à ce que l'on intervienne en bons chevaliers servants. Lasse de constater que ses exigences d'Occidentale n'avaient pas encore le vent en poupe dans cette partie du sous-continent, et las de jouer aux escorteurs, nous l'avons reconduite à la frontière indienne de son plein gré.

Après, pas grand-chose. Délestés de notre mission de sauveteurs, nous ne sommes pas allés bien loin. Un milk-shake à la mangue englouti à la sauvette dans la rue à Rawalpindi a fait éclater nos entrailles et nous a cloués sur des cuvettes et au lit pendant trois jours. Ensuite, direction hôpital, où l'on nous a laissés parmi des vieillards moribonds entourés de leur famille. Pas de perfusion, pas de nourriture, pas d'eau. Nous étions littéralement livrés à nous-mêmes dans cette pièce étouffante et fétide. Une âme compatissante nous a proposé son aide et, moyennant un billet de vingt dollars, a promis de nous acheter des médicaments et une bouteille d'eau minérale. Nous ne l'avons jamais revu. Écœurés, nous nous sommes enfuis par la fenêtre.

La jeunesse ignore un tas de choses dont on parle dans les gazettes. Un an plus tôt, l'URSS venait d'envahir l'Afghanistan et des multitudes de réfugiés se répandaient dans la ville de Peshāwar. Nous avions du mal à faire la différence entre les Pakistanais et les Afghans. La loi martiale était en vigueur, mais qu'est-ce que cela signifiait ? Mystère. Les chrétiens étaient persécutés par le Gouvernement du général Zia, un dur de dur dans un pays de durs. Tous les mâles trimballaient en sautoir leur libido inassouvie tandis que les femmes demeuraient invisibles. J'entamais juste de vagues études sur la compréhension du monde, mon cerveau occultant encore les subtilités culturelles et les susceptibilités religieuses que chaque guide du Pakistan se doit d'énumérer dans la rubrique « à savoir absolument avant de partir ».

*

Sur le toit du bus, je peste. Seule la perspective de baguenauder en montagne, loin des miasmes de la ville et de la mousson, me revigore un peu. J'ai besoin d'air, de torrents charriant l'eau des glaciers, de rudes gaillards des montagnes aux yeux d'aigle et de femmes qui, enfin, montrent le bout de leur nez. La nécessité d'une pause silencieuse se fait pressante. Il en va de ma vision des choses.

À Balakot, une jeep de fabrication chinoise remplace le bus. Je m'intercale sur les deux banquettes arrière et ingurgite une quantité invraisemblable de poussière. La route n'est plus qu'une piste anthracite, longeant une rivière impétueuse surplombée de pics blancs qui taquinent un ciel limpide. Il fait frais. Je m'enroule dans une belle couverture en cachemire troquée contre un jean Levi's sur un marché de Rawalpindi. Une denrée rare à l'époque, très prisée. J'ignore où je vais. Je sais grosso modo que la jeep s'arrête quelque part et que je déciderai au hasard de l'endroit de ma prochaine villégiature. Mes voisins sont tous des hommes qui me dévisagent avec circonspection, mais sans hostilité. C'est parfait.

Trois heures plus tard, Naran. Un village, une rue étroite, quelques maisons en torchis, une petite mosquée, un torrent sauvage. Je sens que c'est là. Je frappe sur la portière de la jeep qui s'arrête sur l'unique artère envahie de chèvres et de chiens faméliques.

Il n'y a pas d'hôtel, pas d'auberge, pas de YMCA. De toute façon, mon statut de routard sans le sou m'interdit le Sheraton. Un homme s'arrête et s'enquiert.

– Vous venez d'où ? demande-t-il comme la majorité de toutes les personnes rencontrées durant ce séjour.

Il sait où me loger.

– Pas cher ?

– Oui, oui, pas cher du tout, et très propre !

C'est une maison. Enfin, une maisonnette, que je partage avec personne. Le matelas suinte de crasse, les toilettes vrombissent de mouches, la pièce unique en terre battue sent le graillon. Elle est à proximité de mon cher torrent que l'on entend mugir. Ça me va, marché conclu.

J'ai faim. Le seul restaurant n'a de restaurant que le fait qu'on y sert exclusivement de la chèvre rôtie qui a dû crapahuter dans le Karakorum pendant des mois. Et du riz fade aussi, que je m'enfourne avec les doigts moyennant quelques roupies. Le *tchaï* (thé) est offert par la maison. En fait de maison, c'est une planche abritée par quelques tôles où se tapissent des chats affamés. Des chiens s'agglutinent à distance des convives – encore des hommes – qui les chassent régulièrement en faisant mine de leur lancer des cailloux. Le repas se prend en silence, les yeux d'aigle se taisent et me toisent, les chats miaulent, les chiens guettent la miette perdue.

La nuit grouille d'autres bestioles. Je me gratte dans tous les sens, me demandant avec angoisse si la chèvre n'a pas provoqué une crise d'urticaire. Impossible d'en avoir le cœur net sans électricité et sans bougies. La pluie tambourine sur le toit. Les heures passent lentement dans le noir et les démangeaisons.

Le lendemain, le matelas tressaute tout seul. Toutes les puces pakistanaises se sont données rendez-vous ici, sur ma paillasse, enchantées de pomper un sang exotique au goût de chèvre. C'est tout simplement répugnant.

Le torrent gronde, le soleil est doux. Il est temps de laver mes frusques et de soulager mon intolérable prurit. Muni d'une savonnette gluante, je frotte, rince et fais sécher deux shorts, un jean délavé, deux tee-shirts, la couverture, une serviette râpeuse. L'eau glaciale ne m'empêche pas de me récurer vigoureusement. En petite tenue, jetant des regards furtifs alentour, j'anticipe et appréhende la rencontre inopportune. On ne se méfie jamais assez des joies douteuses du frotti-frotta avec les obsédés locaux. L'eau des glaciers devraient engourdir toutes les puces accumulées lors de cette nuit démoniaque.

Le soleil sèche les derniers centimètres de ma peau rougie par les piqûres quand un chien solitaire, immobile sur un rocher, attire soudain mon attention. Maintien régalien, tête beige bien dessinée, race indéfinissable. Il a fière allure. Il ne ressemble en rien à ses milliers de congénères maigrichons et poussifs. Il méprise mes doux appels pour entrer en contact, se contentant de maintenir une distance de sécurité, et feint d'être captivé par l'eau tourbillonnante. Soudain, il se lève, détale entre les méandres du torrent et disparaît vers le village.

Le soir, je le retrouve au restaurant, couché, espérant une sustentation improbable. Il observe fixement les hommes, tiraillé entre l'espoir d'un morceau de chèvre perdue et la crainte d'un caillou. Je mets de côté deux morceaux de viande récalcitrants à mes acides gastriques pour attirer ainsi son attention. Peine perdue : il ne me suit pas quand je regagne ma maisonnette. Je passe la nuit dehors, sous la couverture, à contempler les étoiles. Un silence puissant m'envahit, exalté par le grondement de la rivière. Les puces ont disparu.

Le lendemain, il est couché à deux mètres de moi et ne me quitte pas des yeux quand je m'étire, me lève, enfile un short, disparais aux toilettes, époussette la couverture, prépare du thé avec la vieille bouilloire noire. Ses oreilles remuent à la vue de quelques biscuits. Je lui jette les deux morceaux de viande. Il ne bronche pas mais ses narines palpitent et un peu de salive coule sur l'herbe. Alors, très lentement, comme un escargot sortant de sa coquille, il allonge le cou et, de deux claquements de gueule, avale prestement les restes de la chèvre.

Je lui parle petit chien.

– Il est gentil, là, le chien… Tout doux, là, le grand chien perdu sans collier… Viens, mon grand, je ne vais pas te faire de mal. Viens, mon grand chien, allez, n'aie pas peur.

Pendant quelques minutes, j'adopte le ton de tante Paulette visitant une amie sénile à l'hospice. Il se lève d'un coup et viens renifler le revers de mes mains. Je le caresse doucement, puis plus fort, je lui flatte les flancs tout en baragouinant l'espéranto canin.

– C'est bien, mon chien… ouiiii, c'est bien, bravo. On est copains, maintenant, hein ? Oui, tu es un bon chien, oui, oui, tu es un très bon chien, ouiiii, un très très bon chien…

Ravi d'avoir un compagnon, je file à la rivière et pendant que je me frictionne, il scrute les ondes tel un grizzly à la chasse au saumon dans les Rocheuses canadiennes.

– Je vais t'appeler Melchior, d'accord ? Comme le Roi mage. Mais oui, tu es mon bon chien mage, toi… mais oui…

*

Je décide d'aller voir de plus près le lac Saiful Muluk qui se camoufle derrière le col. Deux ou trois heures de marche, là-haut, m'indiquent quelques yeux d'aigle. Je peine sur le chemin caillouteux et l'altitude me serre les poumons. Je suis satisfait d'évacuer l'arrière-goût de la plaine surchauffée. Melchior, heureux de gambader à la périphérie du patelin où les hommes tuent le temps en lui décochant des pierres, farfouille dans les broussailles et urine sur chaque arbuste. L'air est argenté, le ciel bleu vif comme un ciel d'enfant et les sommets neigeux brillent au soleil. À chaque maison, des chiens surgissent en aboyant avec rage, le poil hirsute et la gueule écumante, contre ces *aliens* qui osent venir folâtrer sur leur territoire. À chaque maison, Melchior réplique de la même manière, poil hérissé et gueule baveuse, et se met entre eux et moi, sans aboyer, féroce et protecteur. Rassurant.

Du col, le lac est une pure merveille. Les nuages se reflètent dans ses eaux translucides, l'effet miroir accentue la sérénité du lieu. Un oiseau de proie plane au-dessus de nous et se laisse porter par la brise qui fait frisotter la surface de l'eau. Un monde vierge, enfin !

Trop fatigué pour descendre sur ses berges, je grignote des gâteaux secs que je partage avec Melchior. Il se couche près de moi, les oreilles aux aguets et les yeux mi-clos. En deux jours, il est devenu mon ami. Évidemment, les rogatons de chèvre et les miettes de biscuits soudent indéniablement les liens mais j'aime penser que son regard doux sur moi signifie autre chose que garde-manger. Moi, voyageur enfin tranquille après des semaines de pénible promiscuité humaine et Melchior, chien pakistanais des montagnes, sommes désormais connectés.

Nous passons les jours suivants à nous baigner et à nous prélasser sur les pierres chaudes du torrent. Je monologue dans la langue chien. Parfois, il m'écoute, les oreilles droites mais il préfère adopter sa position favorite : couché sur un rocher à guetter les poissons.

— Melchior, t'as pas faim ?

Ses oreilles frétillent.

— Moi, oui. Tu veux un biscuit ?

Son museau palpite.

— Tu ne joues plus au sourd-muet, hein ? Coquin, va !

La nuit, en revanche, il disparaît je ne sais où. J'aime sa liberté. Quand j'émerge du sommeil au petit matin, il est couché près de moi, à attendre un bout de chèvre, un biscuit et une caresse.

*

Aujourd'hui encore, je me souviens du départ. La jeep me ramenant à Balakot est en retard et je poireaute au bord de la route, en buvant du *tchaï* par petites gorgées. Melchior est couché à une dizaine de mètres. J'appréhende le retour dans les vallées torrides et surpeuplées. Dans ces montagnes, avec Melchior, parmi ces hommes aux yeux d'aigle, près du torrent, c'était le bonheur. Seules les puces ont bémolisé cet interlude.

J'aimerais le caresser une dernière fois, lui souffler à l'oreille des mots d'amitié éternelle mais il reste sourd à mes appels, sans doute par crainte d'une pierre perdue. Ou alors, il boude. Il doit être triste, comme moi.

La jeep arrive dans un nuage de fumée. Il ne réagit pas. Elle démarre. Il reste immobile. Une vraie statue.

Puis tout à coup, il se met à courir, courir, courir derrière la jeep comme pour me retenir, me dire de rester, de ne pas l'abandonner dans ce pays de lanceurs de cailloux, lui donner encore de la chèvre à manger, le caresser, l'aimer.

– Pardon, Melchior.

Une boule dans l'estomac, les yeux embués de larmes, mes lèvres chuchotent un adieu silencieux, indifférent aux regards sarcastiques des autres passagers. Au bout de deux kilomètres de course effrénée, il fatigue, ralentit, trottine. Et s'arrête.

Il a compris. Melchior disparaît pour toujours derrière un nuage de poussière.

*

Assis devant le bureau du chef de l'information de la Croix-Rouge internationale, je m'attendais à la question piège, banale : «Et pourquoi voulez-vous ce poste d'attaché d'information?» Je répète ma devise du moment, le but ultime à atteindre : aider et voyager. Le chef hoche la tête en farfouillant dans mon CV. Il remarque que je viens du Pays Basque et ses yeux brillent. Cet Écossais indépendantiste, animal politique et journaliste aguerri, posé dans cette organisation vénérable mais neutre, me parle alors de ses années de jeunesse passées à s'ébattre dans les montagnes pyrénéennes, avec quelques séparatistes euskariens, entre fromages de brebis, beuveries dans les ventas *et baignades dans les gaves.*

J'ai compris que j'avais troqué ma dégaine d'étudiant pour celle, plus classique, d'une chemise repassée et d'un pantalon à plis. Quatre années de reportages au Courrier de Genève, *journal «catholique et humaniste», travaillant dans une totale liberté, informant dans un joyeux stress imprégné de nicotine, m'ont permis de vérifier que le monde est torve, à Genève ou ailleurs, partout et toujours.*

Mais ici, je peux boycotter la cravate, une prouesse en ces temps-là. Hélas, je dois également mettre un bémol sur mes convictions juvéniles. G.R. me l'avait dit dans des termes diplomatiques mais très clairs : « Ici, my friend, *tu travailles pour de beaux principes humanitaires dont le plus important est la Neutralité, avec un grand N. Tes valeurs personnelles, tu les mets en sourdine ».*

La nuance a remplacé le manichéisme, l'arrondi le carré, et repoussé aux calendes grecques le « je pense ceci donc je l'écris haut et fort ». Dorénavant, je m'enchâsse dans l'institutionnel. J'avise les journalistes sur les catastrophes du monde, sur le sort des plus faibles et leurs souffrances sans frontières, en insistant sur le fameux réseau Croix-Rouge et ses sept principes, sur les Conventions de Genève, les Protocoles additionnels, le « droit ou le devoir d'ingérence ».

Une noble tâche, en somme, et plutôt bien payée.

J'y suis mais je ronge mon frein. Trop souvent, je reste coincé dans mon bureau, entre téléphone, fax, télex et ordinateur MS-DOS à brasser des informations de deuxième main qui descendent de toutes les antennes de la Croix-Rouge, à l'échelle planétaire, mais qui ne sont pas les miennes.

Pourtant, à force de frapper aux portes et de geindre pour qu'on me laisse partir « sur le terrain », on finit par m'envoyer « sur le terrain », dans le bordel, et le plus souvent seul. Avec pour mission de témoigner. Et témoigner sur le chaos d'une guerre civile ou d'une catastrophe naturelle de grande ampleur n'est pas chose facile.

On m'a fait confiance. Mais une question demeure : G.R. m'a-t-il recruté à ce poste grâce à mon CV ou en mémoire de ses années révolutionnaires à courir l'aventure dans les vertes montagnes de mon pays natal ?

CUKURCA - 1991

Suite à la première guerre du Golfe, le régime irakien et son chef sont épargnés. La répression de Saddam Hussein traque les populations chiites au sud et, surtout, les Kurdes au nord. En avril, plus d'un million d'entre eux traversent la frontière entre l'Irak et la Turquie et s'entassent dans des camps de fortune au milieu des montagnes. En Turquie, les Kurdes vivent sous l'état d'urgence. Les régions sont quadrillées par les soldats et les groupes paramilitaires turcs en vue de mater le soulèvement populaire dirigé par le PKK (Parti des travailleurs du Kurdistan), lequel prend la forme d'une guérilla féroce.

Le téléphone sonne à 21 heures 30.

– Allô ?

– Bonsoir monsieur, excusez-moi de vous appeler à cette heure tardive…

– Non, vous ne me dérangez pas.

Si, elle me dérange. Reconnaissant la voix féminine porteuse de démarches interminables, d'attentes décourageantes et d'espoirs vains, j'appréhende une énième contrariété.

– Voilà. *Elle* vous attend. Venez la voir demain. Disons, dans la matinée?

– Euh… en fait, demain, je repars pour le Kurdistan. En mission.

Silence. La nouvelle la prend de court. Je suis irrité, j'aimerais tellement *la* voir après toutes ces années de patience mais l'urgence au Kurdistan turc «nécessite» ma présence, *dixit* l'ordre de mission signé quelques heures plus tôt. La voix au téléphone condescend.

– Je comprends. Mais j'insiste, c'est important. C'est une décision capitale, vous comprenez.

– Je saisis bien l'urgence de la chose, réponds-je un peu sèchement, frustré, mais demain, cela me sera impossible. Vraiment, je ne vois pas comment je peux faire.

– Remarquez, si cela ne vous arrange pas, sachez qu'*elle* peut parfaitement convenir à d'autres personnes.

Mon cerveau mouline avec fièvre des solutions. L'impératif de cette nouvelle inespérée exige un choix immédiat. Ce soir, je n'en discerne aucune. Demain, je pars au Kurdistan, c'est comme ça. Donc, je ne *la* verrai pas. La guigne!

*

En ce mois d'avril, à Amsterdam, les flâneurs passent plus de temps protégés sous leur parapluie qu'à glisser sur les canaux. Flanqué de Michel, médecin, je passe le temps dans la cité historique, les pensées en transit, déjà ailleurs. Dans quelques heures, le charter affrété par la Croix-Rouge internationale et saturé de secours d'urgence doit s'envoler, via Sofia, pour Diyarbakir, dans l'est de la Turquie. Enfin, si tout va bien.

Pour le moment, tout ne va pas si bien. Comme d'habitude dans ce genre de situation, sur le papier, c'est clair. Mais la réalité traîne dans une chicanière officine de douane. Il faut donc attendre, patienter, trépigner, se résigner. Il y a seulement deux jours, à Genève, je piaffais pour retourner en Turquie, mais depuis ce coup de fil, je n'en ai plus du tout envie. Le crachin d'Amsterdam me mine le moral et l'énergie de Michel me fatigue. Il décrète :

– L'administration me tue. On vit vraiment dans une société de queues. La queue aux caisses des supermarchés, la queue pour monter dans le train, dans le bus. La queue, partout, partout. Tu ne trouves pas ? Allô ? T'es avec moi, là ?

– Ouais, ouais, je suis là. C'est sûr.

– Quoi « c'est sûr » ?

– Ben… la queue et tout ça, quoi !

Michel hoche la tête, affligé. J'ai de la chance de partir avec lui. C'est un bon, un excellent professionnel : rapide comme l'éclair pour évaluer et démêler les écheveaux inextricables sur les terrains les plus complexes. Les sens constamment en alerte, la synthèse limpide couplée d'une rhétorique implacable en font un parfait mentor pour le novice que je suis dans cette institution. Avec lui, j'apprends, je comprends, je précise. Face aux dirigeants de tous poils, il parlemente tel un diplomate retors qui en a vu d'autres, martèle quand il le faut ou mime l'obséquieux, l'œil humide. Comme Thatcher ou Mitterrand, il ne dort que quelques heures par jour. Quand je suis épuisé par une journée absurde, lui entame un rapport ou une note de synthèse avec effervescence. Lorsqu'au petit matin, j'émerge mollement devant une folle journée qui s'annonce, il la démarre alerte et excité comme l'épagneul au départ pour la chasse. Les urgences nourrissent son taux d'adrénaline aussi efficacement qu'une vodka l'organisme du poivrot de Dniepropetrovsk.

Sa présence amicale me rassure. Mes pensées embrouillées vont et viennent entre la frustration du coup de téléphone et l'excitation de retourner sur les lieux des «dégâts collatéraux» de la guerre du Golfe. Celle de 1991. Celle qui a reçu le feu vert des Nations-Unies. La soi-disant légitime. Lors de la conférence de presse organisée dès le retour de notre première mission sur place – deux semaines dans les montagnes splendides de l'est de la Turquie à évaluer les besoins humanitaires de centaines de milliers de réfugiés kurdes irakiens – les journalistes ont tanné les Croix-Rouge *trotters* pour confirmer la perversité de Saddam. Qu'en pensez-vous? Combien de morts par jour? N'avait-il pas envahi le Koweït parce qu'il le considérait comme faisant partie de son territoire? N'avait-il pas été co-responsable du gazage systématique d'innocents kurdes lors du massacre d'Halabja en 1988, pendant la guerre Iran-Irak, lors de l'opération *Anfal*? N'avait-il pas dit «allez-vous faire foutre!» à la nébuleuse communauté internationale, dirigée principalement par une nation, les États-Unis, inquiète pour les réservoirs d'essence de ses gourmandes limousines, de ses usines et de tout le reste?

Après la guerre du Golfe, vite expédiée par la coalition, le Koweït et son pétrole débarrassés des voisins indésirables, l'Irak de Saddam fut épargné. George Bush, le papa, n'avait pas jugé bon d'aller plus loin. On libère le Koweït, on récupère les puits de pétrole incendiés par l'armée irakienne en déroute et on dégage dans les limites du rôle auto-proclamé de justicier universel, suivi par les services alliés européens qui comptent pour du beurre sauf quand il s'agit de bla-blater. Mains libres et cerveau en rage, le raïs[13] bombarde les régions, les villes et les villages kurdes de son pays. Les militaires appellent ça des représailles. Le mot vengeance s'applique aussi. Les goulus de l'Ouest avaient promis aux Kurdes irakiens de soutenir leurs velléités d'indépendance si ces derniers se révoltaient contre leur irascible Président. Promesse tenue côté Kurdes irakiens, non tenue de l'autre côté. Logiquement, Saddam Hussein abat ses civils kurdes dont le monde entier n'a que faire.

Vivant à cheval sur quatre pays – Turquie, Iran, Irak, Syrie – et peu connus pour leur politique de la dentelle, les Kurdes ont morflé tout en faisant morfler les autres. Je suis un Occidental vivant dans un pays neutre et j'ai honte. Face aux journalistes, j'élude les questions du style «qui a tort? qui a raison?» et me borne à ânonner les messages humanitaires défraîchis : populations civiles qui tombent comme des mouches sous les rigueurs d'une fin d'hiver particulièrement mordante surtout lorsqu'on dort sans abri par -10°C à deux mille mètres

---

13. Saddam Hussein était souvent appelé le raïs, qui signifie «le chef» ou «le président».

d'altitude, sans nourriture, coincés à la frontière de deux pays qui ne veulent pas de vous. Je suis payé pour ça. Mais j'ai honte quand même.

La situation est catastrophique. La peine me vrille toujours le cœur après avoir vérifié *de visu* le cynisme des dirigeants pour qui la notion d'intérêt d'État prime sur tout malgré, et c'est ça le pire, leurs propos sédatifs destinés à l'opinion publique. Pourtant, je suis content d'y retourner. Le rôle d'émissaire, entre Godot et Don Quichotte, donne du sens à ma vie de privilégié. Il satisfait aussi mon ego de jeune pousse qui tente de percer la chape de la vanité professionnelle. Je ne suis alors qu'un novice aux petits pieds, immergé dans les affaires du monde. Pas trop candide ni arrogant au point de croire que je vais changer ce monde, ni même l'améliorer. Réflexion faite, si, un peu. J'appareille donc tout fébrile car je vais sentir, voir, toucher la détresse humaine, la vraie, celle qui pue l'excrément, les larmes d'enfants, la douleur des mères, l'impuissance des pères, l'ingratitude des victimes en proie à la faim, à la soif et…

– On va prendre notre pied, condense Michel.

– C'est sûr.

– Je préfère patauger dans la boue plutôt que rester coincé dans ces foutues réunions. Pas toi ?

– C'est sûr.

– Tu ne sais dire que ça, « c'est sûr » ? C'est ce coup de fil de Genève qui te turlupine ?

Oui, c'est sûr mais je reste coi. J'étouffe l'espoir au fond de moi pour ne pas subir l'amertume de la défaite.

*

Le charter devait décoller vers 16 heures. Las, il arrive qu'un charter ne décolle jamais. Et celui-ci est russe, piloté par des Ukrainiens ou des Bulgares. Fatalement, il lambine. De plus, s'envolant d'un « Pays-Bas » devenu perplexe par l'atmosphère post-chute du mur de Berlin, son plan de vol – direction Diyarbakir via Sofia – autorise le soupçon. Après moult palabres, il s'envole enfin au milieu de la nuit dans un vacarme insupportable. Ses entrailles regorgent de matériels d'urgence incluant un 4x4 d'une laideur pathétique, de l'essence, un générateur et tout le tintouin habituel.

À 6 heures du matin, l'aéroport de Sofia n'est pas opérationnel. Cinq heures plus tard, il ne l'est pas non plus. Nos gesticulations relâchées par la nuit blanche et le fait de ne pas parler bulgare n'y changeront rien, l'unique préposé compétent en la matière trouvé derrière un bureau vide répète des informations lénifiantes dans un anglais de basse-fosse.

– Revenez plus tard, l'équipage n'est pas là.

– Mais où est-il ?

– Je ne sais pas.

– Téléphonez-leur !

– Oui, oui.

– Maintenant ?

– Non, pas maintenant, plus tard. Revenez plus tard.

– À quelle heure ?

– Je ne sais pas.

– C'est urgent ! Nous avons des médicaments qui ne peuvent pas rester dans la soute !

– Hein ? Je ne comprends pas.

Si, il comprend. Mais comme tout fonctionnaire, il est tourmenté par le supplice de devoir prendre une décision tout seul.

– Médicaments ! Trop chaud dans l'avion !

– Oui. Plus tard.

Plus tard, après avoir battu le pavé de la capitale bulgare, notre exaspération se dissipe. Le pays est toujours engoncé dans l'atmosphère communiste résignée qu'un nuage de capitalisme commence à survoler : une affiche Sony, un McDonald flambant neuf en face de la cathédrale et une Mercedes suspecte garée devant. L'équipage a été retrouvé, contacté, réveillé. Tiens! C'est le même que la nuit précédente. Le commandant de bord, raide dans sa chemise froissée, rendu grincheux par sa noble mission peu payée en retour, semble sortir d'une journée vodka suivie d'une très courte sieste sur un canapé en skaï dans une pièce incolore qui sent le tabac froid.

Le charter redécolle dans la nuit, la nuit est hagarde et hagards, nous atterrissons sur le tarmac de Diyarbakir, au Kurdistan turc. À cette heure-là, son aéroport est fermé. Quelques heures plus tard, il l'est toujours. «Le personnel commence à travailler vers 9 heures» explique le clone turc du préposé bulgare de la veille. Le portrait du héros national, Mustapha Kemal Atatürk, surveille d'un air sévère et broussailleux l'employé assis devant son bureau dégarni, uniquement agrémenté de tasses de café vides et d'un cendrier plein. Il sourit placidement. Nous sommes excédés par toute cette lenteur et peu disposés, en ce petit matin blafard, aux cachotteries du langage diplomatique. Surtout Michel.

– Nous sommes de la Croix-Rouge, monsieur. Nous avons des médicaments dans l'avion.

– C'est bien. Ils sont destinés à l'hôpital de la ville ?

– Non, ils sont destinés aux réfugiés kurdes irakiens.

La réplique de Michel fait frissonner le fonctionnaire dont le sourire contraint se rembobine aussi rapidement qu'il fourrage dans ses tiroirs cherchant la dernière directive venue d'en haut. Entrecoupé de cafés de bienvenue, le dialogue de sourds est toutefois houleux, chacun campant sur ses positions. La conclusion de ce tête-à-tête en chiens de faïence tient en quelques mots répétés à l'envi par le préposé de l'aéroport : « Je vais voir ce que je peux faire ».

Rien ne se fait, donc. Ensuite, il faut trouver un interprète.

Bingo ! Éclair ! On déniche un certain Ali devant le bureau du Croissant-Rouge turc. Il avait écouté la radio, compati au sort tragique de ses compatriotes kurdes et ouï-dire que les organisations humanitaires fondaient dans la région comme un épervier sur le lapereau. Il en avait donc conclu que ses aptitudes (sommaires) de traduction anglais-turc, turc-kurde et kurde-anglais pourraient enfin mettre des années de chômage derrière lui. Re-bingo ! Sa tête patibulaire, son allure étique, ses dents jaunes et son sourire désarmant, sa voix éraillée par une quantité phénoménale de nicotine et son regard oblique en font un homme presque rassurant tellement il semble ne pas l'être. Adoubé comme « volontaire du Croissant-Rouge », Ali tousse de fierté.

Le trio repart à l'aéroport en payant un chauffeur de taxi trois fois moins cher qu'à l'aller, talent d'Ali oblige.

Celui-ci ressort du bureau du fonctionnaire de l'aéroport.

— Votre avion est sur la liste, annonce-t-il fièrement.

— C'est bien. Mais ça, on le sait déjà, Ali.

— Oui mais il passe après vingt-trois autres. Normalement, ça devait prendre deux ou trois jours avant de pouvoir partir.

Ça, on le sait aussi. Michel fulmine et arpente le trottoir en quête d'une solution, maugréant contre l'incapacité universelle qui se ligue contre les gentils venus aider les laissés-pour-compte. Des vieillards qui sirotent un café sur des chaises en plastique l'observent avec intérêt.

— Qu'est-ce qu'il a? demande Ali.

— Il n'est pas content, dis-je.

— Pourquoi?

— Parce que nous ne pouvons pas attendre, Ali. Il y a des médicaments dans cet avion, du matériel de secours, une bagnole. Et on est coincés! Les réfugiés ont besoin de nous, tu comprends?

Je me demande soudain si Ali constitue le bon choix. Le gaillard n'a pas l'air réveillé.

– Oui, oui, je comprends. Il y a beaucoup de charters. Mais maintenant, c'est réglé, dit-il en allumant sa centième cigarette.

– Quoi, c'est réglé ?

– Oui. J'ai négocié et l'avion va être déchargé avant midi.

Il est heureux de voir nos mines réjouies devant ce miracle et accepte, avec force toux et crachats, nos tapes sur ses épaules. Il essaie d'expliquer ce prodige mais peu importe si on ne comprend rien, l'avion sera vidé avant midi, Ali en est sûr et certain.

*

L'avion ne sera déchargé que vers 16 heures, les secours empilés en vrac sur la piste en attendant deux camions du Croissant-Rouge. Le Toyota 4x4 péclote au démarrage. Il est temps, le soir venu, de trouver un hôtel bon marché.

– Un café et un hammam d'abord ! éructe Ali.

– Le café pour te réveiller et le hammam pour te détendre, c'est ça, Ali ?

– Oui, oui.

Quand Ali dit « Oui, oui », il faut traduire par « Hein ? Je ne comprends pas ». Idem quand il balbutie « Oui, oui » lorsqu'on lui demande s'il faut prendre à droite ou à gauche. En attendant, on transpire dans un hammam de la banlieue de Diyarbakir où l'ambiance floue ne paie pas de mine. Mais il chauffe, le hammam d'Ali. Des hommes ceints de mini-serviettes se font frictionner énergiquement le dos, les jambes et les bras en poussant des grognements de porcelets. Des masseurs gargantuesques pétrissent les graisses de ces messieurs sur des tables huileuses. On sort de là requinqués et propres, avec un sentiment presque coupable de touristes humanitaires un peu à la dérive.

Mais retour aux choses sérieuses.

– Ali, il faudrait nous emmener demain à Silopi. C'est dans tes cordes ?

– Oui, oui.

– Tu as bien compris ? On part demain à Silopi, à la frontière irakienne, décharger le matériel. Ensuite, on longe les montagnes pour évaluer de nouveau la situation.

– Oui, oui. C'est bien.

Un kebab et une bière plus tard, on suffoque dans une chambre dont l'unique fenêtre donne sur une arrière-cour glauque qui sent le mouton rôti. Michel tapote fiévreusement sur son ordinateur. Allongé sur ma couche, l'esprit ailleurs, j'écoute la BBC crachouiller de mauvaises nouvelles. Accent impeccable digne des meilleures écoles, la journaliste égrène les mots rebattus des médias du monde entier avec l'ennui d'un métronome : «Pour éviter un désastre humanitaire entre la Turquie et l'Irak, les forces armées des Alliés ont décidé de porter secours aux centaines de milliers de réfugiés bloqués par le Gouvernement turc. Selon notre correspondant sur place, les États-Unis et ses alliés ont installé une base logistique à Silopi, à la frontière turco-irakienne, où s'entassent déjà des milliers de réfugiés kurdes irakiens. »

– Ils ne sont pas qu'à Silopi, les réfugiés, indique Michel sans lever la tête de son clavier. Il faut aller les débusquer dans les montagnes et…

– Je n'aime pas le mot «débusquer».

– Bon. Les chercher, si tu préfères.

– Je préfère, ouais.

Michel lève le nez.

– Tu es de mauvaise humeur ? Je ne te sens pas très présent.

– Si, si. Mais comme on ne fait qu'évaluer les besoins, je ne vois pas très bien ce que je fiche ici.

– Tu m'assistes.

– Cool. À vos ordres, alors.

– Tu me supportes.

– C'est sûr.

Michel est le chef de cette mission. Il dicte, décide, dirige. Moi, je suggère, propose. Ce rôle subalterne et obscur me déprime. Je suis supposé informer les médias de ce que l'on fait, mais à part apporter un peu d'aide d'urgence comme une flopée d'autres boîtes humanitaires, je ne saisis pas très bien le message-clé à dérouler aux journalistes invisibles.

Morose, je n'ai pas non plus envie d'être ici et je me morfonds. Mes pensées n'ont pas décollé de Genève. Que se passe-t-il, là-bas ? Impossible de téléphoner pour en avoir le cœur net, les communications sont trop erratiques. Là-bas, c'est probablement le début d'un premier chapitre d'une longue et initiatique odyssée, d'une grande aventure, de celle qui change la vie d'un homme. Je me retrouve terré dans une piaule sinistre avec un bourreau de travail, engagé dans une mission inepte, illisible en ce qui me concerne.

Je m'endors enfin, rongé par l'angoisse et deux nuits blanches. À moins que ce ne soit le kebab. Pour une fois, tout se passe là-bas, à Genève, sans moi.

*

Fidèle aux plans proche et moyen-orientaux où le flou règne en maître, Ali est kurde quand ça l'arrange et turc quand ça lui convient.

Il survivra donc au conflit qui gangrène l'est de la Turquie, dans cette guerre civile larvée entre les cinglés du PKK qui luttent par la violence pour une légitime reconnaissance de leur minorité, et l'armée turque qui l'écrase impitoyablement. En résumé, les Turcs contrôlent les vallées et le PKK, les montagnes.

En bas, Ali est un vrai Turc : il rigole d'une voix rauque, fume beaucoup, tousse tout le temps et compatit au sort des soldats qui nous arrêtent sur la route allant vers la frontière iranienne. Mais dans les cols enneigés de cette fin de printemps, Ali est aussi un Kurde, un vrai. Il rigole, tousse et partage des cigarettes (les miennes) avec les rebelles du PKK. Malgré sa gueule mal réveillée du matin au soir, sa barbe de trois jours et sa toux de poitrinaire, il est adopté par tout ce petit monde vêtu de guenilles vert-de-gris comme le neutre et emphatique camarade qu'il n'est pas. Notre présence étrangère, extravagante dans cette contrée, égaie les journées désœuvrées des combattants. Dans la vallée, Ali explique patiemment la mission de la Croix-Rouge à la soldatesque turque. Dans les montagnes, il raconte aux durs du PKK – délicatement car ils ont la kalachnikov sensible – que nous allons aider leurs cousins irakiens. En un clin d'œil, il sait manier la vérité, en la rendant très élastique, sans avoir eu à passer les concours officiels. Aux barrages routiers, il s'acquitte magnifiquement de son rôle de conciliateur. Du coup, nous passons sans encombre.

Hier, le convoi s'est ébroué à Silopi et a vomi ses secours d'urgence auprès du Croissant-Rouge turc qui prenait le relais. D'après la BBC, le camp devait contenir un supplément de forces alliées qui, pas plus tard que deux semaines plus tôt, zigouillaient les bidasses irakiens au Koweït. En fait, c'est un camp totalement américain dans lequel quelques galonnés de France et d'Angleterre exécutent une pitoyable figuration.

*

Cap à l'est, au volant de l'énorme Toyota. Depuis des jours, j'ai l'étrange sensation d'avoir troqué mes guêtres d'humanitaire, chercheur de réfugiés, contre celles d'un Nicolas Bouvier en vadrouille. Le magnifique paysage s'étale le long d'une route vide et sinueuse parsemée de camions turcs et iraniens et de convois militaires. Les sommets scintillent. Le ciel exhale une atmosphère paradisiaque, impression accentuée par les myriades de lacs magenta autour desquels décrépissent quelques églises arméniennes. Quand la musique envahit l'habitacle, on braille. Ali adore et tousse de joie. On se lave dans les ruisseaux glacés et on pique-nique à l'abri des blocs de pierre, plus agréables que les infâmes salles d'eau des hôtels miteux ou les restauroutes saturés de relents de mouton. Comme le dit Michel, on prend notre pied. La finalité de notre mission s'estompe dans de vagues confins peuplés de réfugiés abstraits.

Seul le coup de fil de Genève me taraude toujours.

À un carrefour, je capte le regard encroûté d'Ali dans le rétroviseur.

– À droite ou à gauche ?

– Hein ? Oui, oui.

– Non, Ali. Je te demande s'il faut aller à droite ou à gauche.

– Oui, oui, il faut y aller.

– À droite ?

– Oui, oui.

– Tu es sûr ?

Sans GPS et asséché par des kilomètres avalés sans café, le cerveau d'Ali fatigue en cartographie. Au bout de quelques kilomètres…

– Merde ! sifflé-je entre mes dents.

Michel ouvre un œil.

– Quoi ?

– Un barrage.

– Ce n'est pas le premier.

– Oui mais celui-là ne me dit rien qui vaille.

Le véhicule stoppe devant un bidasse particulièrement zélé. Cela s'explique par la présence d'un char et de blindés que semble commander un chef à quatre barrettes. Fini de rire : on ne plaisante plus face au dispositif antiterroriste. Ali baisse sa vitre tout en prenant la tête d'un chien battu.

Palabres en turc, gutturales. Papiers. Ordre de mission. Ouverture du coffre. Fouille minutieuse des bagages et du sac aux casse-croûtes. Le gradé disparaît dans une guérite kaki bardée d'antennes. L'attente commence dans la voiture entourée par deux soldats, fusils mitrailleurs en joue.

– *Not good, not good*, répète Ali d'une voix d'outre-tombe.

– Nous n'avons rien à nous reprocher, avance Michel, pour remonter le moral de ses troupes. Pas vrai, Ali ?

– Oui, oui. *Not good*.

De grosses gouttes de sueur perlent sur son front. Soudain vulnérable, j'élabore mentalement des scénarios dont nous sommes les infortunés acteurs : espions menaçant la sécurité de l'État, complicité avec un groupe terroriste, simulacre de procès sans avocats, geôles sordides à la *Midnight Express* et son slogan «l'important est de ne jamais désespérer», viol, fusillade contre un mur déjà criblé de balles et fosse commune.

Le gradé revient lentement, l'air renfrogné. Re-palabres. Ali fait des efforts pour paraître digne et convaincant face à l'officier soupçonneux.

– Il demande d'où on vient et où on va.

– On vient de Diyarbakir et on va à Çukurca.

Le commandant secoue la tête, péremptoire.

– Qu'est-ce qu'il dit, Ali ? demande Michel.

– Oui, oui.

– Ooh ! Ali ! Qu'est-ce qu'il dit ? On dirait qu'il dit non.

– Oui, oui. Pas question d'aller à Çukurca.

– Pourquoi ? Nous avons un ordre de mission et tout est OK. Dis-lui de vérifier auprès du Croissant-Rouge à Ankara.

Michel tend à Ali un papier portant le numéro de téléphone et le nom du responsable. Le gradé retourne dans sa guérite. L'attente se prolonge dans la voiture devenue cocotte-minute par la pression et le soleil. J'en ai ras-le-bol de cette mission interminable et inutile. Presque une semaine qu'on a quitté Genève pour atterrir au beau milieu de nulle part, à pourchasser des réfugiés fantômes et dépendre du bon vouloir d'un militaire. Marre d'enfiler des kilomètres, de péter de froid sur des cols, de cuire dans le chaudron des vallées, de parlementer sans cesse et de ne pas pouvoir communiquer avec le monde extra-Kurdistan. On perd notre temps.

Un toc-toc sur la vitre décanille brusquement la morosité. Un soldat hurle quelque chose à Ali qui traduit, tout sourire édenté.

– Le commandant nous fait l'honneur de nous inviter à déjeuner.

Ça s'arrange. L'officier patiente dans une maison de paysans kurdes réquisitionnée pour l'occasion. Il nous sert un thé à la menthe, affalé sur des coussins recouverts de kilims. L'atmosphère se détend dès qu'il ouvre des bières. Elle embaume le bonheur aussitôt l'excellent méchoui terminé suivi d'un café à réveiller un mort. Barbe nette, sourire franc, l'homme séduit, cause haut et avec éloquence. Sa description de l'état des réfugiés dans les montagnes de Çukurca invite à penser qu'il a du cœur. Il se tourne vers Ali qui traduit :

– Si l'autorisation est accordée, il veut que nous logions dans sa caserne.

Dormir dans une caserne de soldats turcs ne constitue pas une perspective très excitante mais faute d'alternative touristique, et ravigotés par un estomac bien rempli, son hospitalité est reçue cinq sur cinq. Effusions enthousiastes mais peu sincères.

– Il veut venir dans notre voiture pour indiquer le chemin et traverser les barrages, continue Ali, réjoui.

– Ah, ça, pas question ! s'exclame Michel.

Ali sursaute.

– Quoi ?

– Il est hors de question que nous transportions un militaire turc dans notre voiture Croix-Rouge. Pas d'armes, pas de militaires, c'est la règle.

Le renfrognement soudain du commandant laisse augurer un long après-midi d'attente. Je me permets une timide intervention :

– Euh… Michel… peut-être qu'on pourrait faire une entorse au règlement ?

– Non.

– On risque de moisir ici pendant des…

– Non, c'est non. On ne déroge pas à la règle, ici ou ailleurs.

Dans les chiottes turques de la maison kurde, je maugrée contre son manque de souplesse. Quand j'évoque lesdites « chiottes », aucun autre vocable ne me vient à l'esprit. Soulagé de retrouver l'air sain, je regagne la voiture où m'attendent Ali et Michel, curieusement joyeux.

– Où t'étais ? On repart tout de suite.

– Avec le commandant ?

– Oui.

– Dans notre voiture ?

– Négatif, coco. Il nous précède avec son propre véhicule. L'invitation dans son honorable caserne quatre étoiles tient toujours. Tout est réglé dans *mes* règles de l'art.

Inclinons-nous devant la pertinence du règlement.

*

Le campement de Çukurca ressemble à un immense dépotoir dont les ordures seraient les réfugiés. Ils s'éparpillent sur des étendues rocheuses à fleur de montagne, certains se protégeant sous des abris de fortune – cartons humides, branches entrelacées et, pour les plus chanceux, toiles de parachute. Chaque famille s'est approprié un minuscule espace, essayant d'y définir un soupçon de dignité au milieu de cette fange. L'air empeste la merde, la crasse, la décharge. La fumée âcre des feux s'infiltre dans le nez et bouche les sinus d'une pâte noirâtre.

Des hélicoptères turcs survolent ce paysage morbide dans un boucan incessant. Des cohortes de réfugiés errent en quête de petit bois, d'eau potable et de nourriture. Mais il n'y a plus de bois, les arbres ont été coupés. Il n'y a plus d'eau potable non plus, et pas assez de nourriture.

De temps en temps, un camion de l'armée cahote sur les pistes. Des soldats jettent du pain au petit bonheur la chance à des centaines de personnes qui se bousculent dans une cohue impitoyable pour les plus faibles. Les troufions rigolent. De jeunes hommes vaillants repartent avec cinq, huit, dix pains tandis que des femmes et des enfants, incapables de lutter et d'obtenir le moindre quignon, pleurent d'impuissance et de frustration. Des petits sont piétinés et des mamans écrasées dans cette foule en guenilles. Chaque distribution génère des drames. L'eau potable est distribuée avec parcimonie, des milliers de bouteilles en plastique jonchent le sol et scintillent au soleil. On dirait des lampions qui tentent d'égayer l'enfer.

Faute de latrines, les réfugiés se soulagent un peu partout. Devant moi, une femme s'accroupit et laisse couler, de sous sa robe, un jus brunâtre venant alimenter d'autres rigoles qui se répandent en zig-zags, au hasard des courbes, vers d'autres familles de réfugiés. Des mouches bleues, alléchées par l'aubaine, s'agglutinent autour des yeux et s'incrustent dans les replis les plus intimes. Des enfants culs nus jouent en piaillant pendant que d'autres, atones, respirent faiblement. Ils agonisent et meurent en silence.

Ici ou là, quelques journalistes affairés interrogent les gens. Des caméras s'introduisent dans les abris et filment les maigres trésors que certains réfugiés ont pu emporter : casseroles, couvertures et bidules dérisoires. Ils nous interrogent aussi : combien sont-ils ? Combien de morts ? Comment se fait-il que rien ne soit fait pour leur porter secours ? Y aura-t-il le choléra ? Pourquoi cette pagaille ? Combien de temps ça va durer ? Que faut-il faire ? Qu'allez-vous faire ? Pourquoi ne faites-vous rien ?

Comme information, je n'ai que mon impuissance à leur offrir.

Ils sont des centaines de milliers, ils viennent du nord de l'Irak pilonné par les chasseurs bombardiers encore opérationnels de Saddam. La plupart vient des villes de Mossoul, Arbil, Sulaymānīyah, Kirkūrk après que certains rebelles kurdes se sont soulevés contre le régime de Bagdad. Tous ont fui précipitamment en pleine nuit, emmenant femmes et enfants, grands-pères et grands-mères. Ils ont pris leur voiture en direction du Nord puis ont marché des jours entiers dans ces montagnes rudes, inconnues de ces citadins, ont traversé la frontière et se sont retrouvés bloqués ici, en altitude, parce que la Turquie ne veut pas d'eux.

La Turquie ne veut pas de nous non plus. Elle compte sur son armée pour rétablir l'ordre, comptabiliser les survivants, les contenir et empêcher tout contact entre eux et les rebelles du PKK. Les organisations humanitaires, pour le moment, sont indésirables. Porter assistance signifierait faire pourrir la situation. Quelques représentants sont tolérés, dont nous, afin d'évaluer les besoins. C'est tout.

Aussi bien les réfugiés que les humanitaires sont pris en otages par la Realpolitik. Pas besoin d'être journaliste pour vérifier cette évidence et notre incapacité à faire quoi que ce soit.

Assis sur un rocher près du cimetière des enfants, j'observe deux Kurdes en train de creuser. Des familles assistent à un enterrement. Les visages sont fermés. Une femme gémit, se tord les mains. Deux corps empaquetés dont la taille n'excède pas un mètre sont rapidement ensevelis. Des journalistes filment, indécents et nécessaires. Depuis le milieu de la matinée, je les évite, ma raison a perdu ses repères.

À vingt mètres de moi, sommairement planqué derrière un rocher, un jeune homme est allongé les bras croisés sous la nuque, la bouche ouverte, les yeux clos, dans une position tranquille qui me rappelle vaguement le *Dormeur du val* de Rimbaud. Mort? Non : entre ses jambes, une tête va et vient. Est-il un mari? Ou bien un de ces hommes vaillants qui veut bien partager son bout de pain avec une femme qui le suce pour sauver sa propre vie ou celle de son enfant?

Une légère tape sur mon épaule. Une femme frêle au sourire timide est assise derrière moi. Je lui rends son sourire. Elle me tend immédiatement son bébé engoncé dans un linge jaune.

– C'est votre enfant?

Pas de réponse.

– Il est mignon, dis-je, faute de mieux.

Sourire. Et puis un geste signifiant : « *Prends-le ! Prends-le !* »

Je fais non de la tête avec un sourire gêné. Elle insiste. Son visage doux se tord soudain sous les sanglots refoulés. J'ai envie de fuir. *Prends-le ! Prends-le !* semble-t-elle ordonner une nouvelle fois en me tendant l'enfant comme une offrande.

Elle montre la scène de l'enterrement et pointe le doigt sur son bébé. « *Ici, il va mourir. Prends-le. C'est simple, non ?* »

Je ne peux pas.

Quand elle voit ma tête dire non, mes gestes mimer l'impossible, elle réalise que je ne veux rien faire pour sauver son petit. Elle se lève brusquement avec un regard mauvais et disparaît, me laissant désemparé. Les hommes rebouchent les deux fosses. Les familles se dispersent en dévalant la colline. Derrière le rocher, le « Dormeur du val » a un soubresaut et lance un râle vers le ciel paisible.

Le soir, je téléphone à Genève d'un poste de transmission installé par l'armée pour permettre aux journalistes d'envoyer leurs infos à leur rédaction. La réception est mauvaise, le vacarme effroyable. Je me réfugie sous une table, au milieu des fils et des câbles, et parviens enfin à entendre la voix de ma femme. La nouvelle est excellente.

Hourra! J'annonce en criant la bonne, l'excellente nouvelle et les journalistes hurlent à leur tour avant de retourner à leur travail. Michel me félicite, Ali également et des inconnus aussi.

Dans la rue principale de Çukurca, avant de regagner la caserne qui pue les pieds et la sueur, Michel ordonne :

– Viens, on va se soûler au raki. On l'a bien mérité. Une nouvelle pareille, ça se fête.

*

Elsa est née en février 1991, de père et de mère inconnus. Elle est restée deux mois dans une clinique genevoise en attendant la décision du juge chargé de l'adoption. La nouvelle est tombée alors que je me trouvais dans le camp de Çukurca.

Ma fille est entrée dans ma vie le jour de l'enterrement des deux enfants du camp. Un jour d'avril particulièrement froid et lumineux. Le même jour où une mère désespérée m'a tendu son bébé, en vain.

MONROViA - 1993

Le Libéria est en pleine guerre civile depuis trois ans. Le conflit a provoqué la mort de 150 000 personnes et a poussé la quasi-totalité des habitants à fuir dans les pays voisins ou à errer à l'intérieur des frontières. Les troupes de Charles Taylor piétinent aux portes de Monrovia. La situation s'enlise devant la multiplication des affrontements sanglants entre chefs rivaux et la désintégration totale de l'appareil d'État.

Je débarque en plein chaos. Il fait moite et je suis déjà dans le pétrin.

Dans le charter russe, il n'y a que moi et une Espagnole échevelée qui va rejoindre son mari, un boulanger libanais. Depuis Freetown, au Sierra Leone, l'équipage ukrainien taquine la bouteille de vodka et rit tout en entamant la descente. À travers le hublot, j'aperçois des cahutes brimbalantes, des toits de tôle, une plage couverte de voitures calcinées, des immeubles pourris, des volutes de fumée s'échappant de braseros, des routes vides et des pistes rouges.

Hier, l'anxiété m'a saisi pendant la nuit blanche. Je ne sais pas très bien où je mets les pieds. Ma mission est a priori simple : apporter les salaires du personnel local de la Croix-Rouge du Libéria livré à lui-même depuis l'évacuation en catastrophe des expatriés internationaux, faire une liste de leurs besoins, évaluer les menaces humanitaires qui pèsent sur les milliers de personnes déplacées et repartir dare-dare pour écrire un rapport destiné aux donateurs que j'espère n'être pas superflu. Tout est, m'assure-t-on, bien préparé.

La veille, un fax reçu du siège de Genève devait me rassurer. «Ils sont prévenus. Tout est en ordre. Bonne chance. M.W.» mais les images de télévision, aussi atroces qu'incompréhensibles, se sont vissées dans mon cerveau. Des exécutions sommaires et publiques sur les plages que je viens de survoler, des corps torturés et mutilés, des organes génitaux avalés devant les caméras, des enfants soldats défoncés à la colle tirant par saccades sur tout ce qui bouge et des cohortes de personnes marchant vers nulle part. Une atmosphère de gangs de rues américaines transposées dans une Afrique de jeux vidéo pour adolescents morbides. Inutile de jouer au plus malin. Le Libéria, c'est ça, rien que ça. Et les malins s'y font trucider par les bêtes.

La boule d'angoisse grandit au fur et à mesure que les minutes défilent. Je n'en mène pas large. Un éclair de lucidité me vrille l'estomac : qu'est-ce que je fous là, encore ?

L'avion se pose en douceur sur une piste encerclée par des guerriers en armes juchés sur des pick-up convertis en mitrailleuses ambulantes. Ils observent attentivement l'appareil et prennent des poses puériles à la Rambo. Une sorte d'échelle est arrimée contre l'avion, la porte s'ouvre et une haleine de bain turc s'engouffre aussitôt dans la carlingue. J'empoigne mon sac comme un automate, les doigts me picotent et le nœud dans mes entrailles se resserre.

Entêtante et indescriptible, l'odeur de l'Afrique m'enveloppe soudain. Je cligne des yeux et éternue sous la lumière vive. Une Toyota fonce vers l'avion et s'arrête dans un crissement de pneus en bas de la passerelle. Un homme en bondit avec souplesse malgré sa haute taille. Il se poste devant l'échelle, mitraillette en l'air d'une main, lunettes de soleil, bandeau rouge autour de la tête, gilet pare-balles entouré de munitions. Il attend. Il m'attend.

Je descends avec précaution. Personne ne bronche. On dirait que toute cette soldatesque d'opérette m'observe tranquillement, sûre de son fait et de son pouvoir. Je débarque dans un vaste foutoir hors-la-loi, un piège dont je suis le rat et eux, les chats sauvages.

– *Welcome to Monrovia.* Vous avez des dollars ? demande aussitôt le grand type, visiblement un officier dont l'uniforme est décoré de multiples galons hâtivement cousus sur l'épaule.

– Je suis de la Croix-Rouge, en mission. Je viens voir l'équipe d'ici.

– Vous venez d'où ? Et vous êtes qui ? Vous avez des dollars ?

Fébrile, je farfouille dans mon sac à la recherche de mon ordre de mission. Je ne le trouve pas. Mes mains tremblent.

Soudain, une voix lointaine mais distincte, qui semble tomber du ciel, retentit dans l'atmosphère figée.

– Attendez ! Il est avec moi. Croix-Rouge.

Le type tourne la tête en même temps que moi vers une silhouette mince qui traverse le tarmac, une petite fille à la main. La démarche nonchalante, la robe rouge vif, de longs cheveux noirs barrés de lunettes de soleil, elle s'approche de nous, un vague sourire aux lèvres. Arrivée devant le gradé qui la dévisage de toute sa hauteur, elle répète lentement et distinctement d'une voix grave :

– Croix-Rouge du Libéria. Il est avec moi. Nous l'attendons. Il vient nous aider.

Le type n'est pas content. Narquois, les soldats observent la scène.

– Je ne suis pas au courant. C'est moi qui contrôle l'aéroport et je dois être au courant de toutes les arrivées dans ce pays, rétorque-t-il, contrarié. Il y a une procédure.

– Nous le savons, monsieur, mais nous n'avons pas eu le temps de vous prévenir. La radio ne marchait pas et nous n'avions pas d'essence.

La femme parle d'une voix assurée, psalmodique. Sa présence envahit l'espace, la fillette ne semble pas avoir peur, elle me regarde avec de grands yeux. L'homme est indécis, se passe la main sur le visage de haut en bas et se tourne vers moi.

– Ouvrez vos deux sacs. Je fais la douane. Ouvrez-moi ça !

Elle s'interpose. Calmement mais fermement. Toujours le sourire, toujours cette voix grave.

– Non. Il est protégé par les Conventions de Genève. Vous ne pouvez pas lui demander cela.

Les Conventions de Genève n'avaient sans doute pas voyagé jusqu'à l'esprit du gradé, lequel hésite. Long flottement. Puis la femme s'approche de mon sac et l'empoigne avec vigueur.

– Venez, me dit-elle d'un ton sec, allons-y. Chef, nous y allons, n'est-ce pas ?

Le type ne bouge pas, les soldats non plus. Je la suis comme un petit chien vers le bâtiment principal, la chemise me colle à la peau. La femme siffle entre ses dents :

— Ne vous retournez pas, surtout pas.

Je n'en ai pas l'intention. L'aérogare est presque vide à part quelques militaires qui traînent dans les coins. Des ampoules pendent, des impacts de balles grêlent les murs sur lesquels des affiches délavées vantent une Monrovia d'avant la guerre civile, avec ses longues plages blanches, ses lodges dans la forêt, son agence de location de voitures. Le monde d'avant. Dans une guérite penchée comme la tour de Pise, je montre mon passeport et mon laissez-passer. Un douanier en feuillette les pages pour la forme, tamponne et nous fait signe d'avancer. Quelques mètres et nous voilà dehors.

Un homme de petite taille accourt et saisit mon sac.

— C'est Victor, notre chauffeur, précise la dame en rouge.

La fillette ne dit toujours rien. La voiture arborant notre emblème brille comme un sésame. Les portières claquent. Elle roule à peine cent mètres que nous sommes déjà arrêtés par deux bidons rouillés : le premier *checkpoint*. Le soldat scrute l'intérieur de la voiture, suspicieux, n'articule pas un mot et, presque à regret, nous fait signe de passer. Trois cents mètres plus loin, même scène. Et puis encore un autre, à côté de l'unique station d'essence Texaco assiégée par une file de bagnoles. Des filles très jeunes, shorts moulants sur des fesses rebondies, octroient de petites faveurs, le temps de l'attente. La femme siffle entre ses dents en hochant la tête, navrée.

– La prostitution augmente, les gens n'ont plus d'argent, alors…

– Elles n'ont pas peur du sida ?

– Oh ! le sida ! Le sida, c'est du long terme. Il ne fait pas le poids devant la faim.

Nous roulons à petite allure vers le centre-ville.

– Laissez les fenêtres ouvertes, on ne sait jamais. Une balle perdue, vous voyez… Comme ça, elle traverse la voiture sans fracasser les vitres et nous avec.

Le stade est transformé en abri pour les personnes déplacées qui fuient les combats et les atrocités dans les campagnes. Des braseros laissent échapper de la fumée qui stagne dans l'air lourd et rempli d'humidité. Partout, du linge essaie de sécher. Des enfants jouent en riant aux éclats avec une brouette de fortune. Plus loin, l'église méthodiste et son jardin dont toutes les branches des arbres ont été coupées pour fournir du bois aux braseros, accueillent une flopée de sans-abri. En juillet 1990, près d'un millier de femmes et d'enfants, essayant de fuir les combats, y ont été froidement abattus. Les corps sont restés deux semaines à l'air libre avant d'être enterrés dans une fosse commune.

– Et les hommes, ils sont où les hommes ?

Elle hausse les épaules mais ne répond pas. La petite fille me fixe toujours en silence. Je regarde par la fenêtre. Je suis fatigué, je transpire à grosses gouttes, l'ambiance est déprimante et la pluie commence à tomber. Les hommes ? La réponse coule de source : ils sont au combat. Par ici, par là-bas, pour telle ou telle faction. Comme dans toutes les guerres civiles, les faits sont incertains faute de témoignages fiables.

Ce qui est sûr, c'est que c'est le bordel. Il s'accentue de jour en jour. Depuis décembre 1989, le Libéria s'enfonce dans une guerre sanglante, la plus sanglante depuis celle du Biafra, en 1969, dont tout le monde se souvient alors que celle-ci peine à intéresser les médias. Le pays est saigné à blanc. 85% de la population sont réfugiés ou déplacés. Trois groupes rivaux luttent pour le pouvoir. En face, les soldats africains de la Force d'interposition (ECOMOG) n'arrivent pas à s'interposer. Ils paradent à toute allure en 4x4 dans les rues défoncées de la capitale.

Les civils font les frais de cette boucherie. Ils dépendent essentiellement de l'aide humanitaire, laquelle n'arrive pas à sortir de Monrovia. Les habitants de cette ville ne survivent qu'avec l'aide des Nations Unies, et encore. Il manque de tout : il n'y a plus d'eau, presque plus d'électricité, les conditions d'hygiène sont déplorables, les hommes tirent sur tout ce qui bouge, les femmes se font violer, éventrer, éviscérer devant leurs enfants. Ces derniers gagnent ensuite les rangs des factions, de gré ou de force, ou meurent de maladies ou d'inanition. Fin 1991, un cessez-le-feu vacillant avait apporté un léger répit mais depuis quelques mois, les hostilités font rage.

Depuis la fuite des expatriés, le monde se désintéresse de ce pays. Les ambassades ne sont plus que des carcasses vides, vandalisées et démembrées par des pillards ou des gens n'ayant plus rien à perdre. Les bâtiments publics ont subi le même sort. La Croix-Rouge nationale s'est désintégrée, son Président ayant dû fuir pour sauver sa peau. Les quelques salariés n'ont pas été payés depuis des mois. C'est la raison de ma présence ici.

– Vous avez l'argent ? demande justement la dame en rouge.

– Oui.

– C'est bien.

Elle lance un regard à Victor qui opine du chef.

– Nous en avons besoin. Nous n'avons plus rien. On l'a bien eu, le commandant ! dit-elle avec un petit rire.

– Oui. Il ne savait pas quoi faire. Sans vous, que serait-il arrivé ?

– Il aurait pris l'argent. Votre montre aussi. Et peut-être vos chaussures.

– Et moi ?

Elle ne répond pas, occupée à tripatouiller sa radio portative. Ma peur a laissé place à l'inquiétude. À part donner l'argent aux employés, cette mission me paraît soudain vaine. « Évalue les besoins », m'avait-on dit dans un bureau de Genève où la cellule de crise se réunissait en ce matin glacial de janvier. « Prends des notes et des photos, interroge le Gouvernement, tâte le terrain avec les journalistes, discute avec les personnes vulnérables. Fais attention à toi. Ne joue pas au héros. » Trois jours plus tard, je suis en train de prendre des notes dans ma tête en me disant que tout le monde est vulnérable, que mes photos ne vont rien montrer de précis, que le Gouvernement n'est qu'un fantôme et que…

– Il faut que vous rencontriez des journalistes, dit-elle comme si elle lisait dans mes pensées.

– J'allais vous le demander, justement.

– En fait, je crois qu'il n'y a que Sally. Elle travaille pour Reuters. Elle loge à l'ambassade des États-Unis, c'est la seule qui soit sécurisée.

– Il faudrait que je la voie.

– On va essayer.

La voiture grimpe une petite colline, passe devant le bâtiment vide de la nonciature du Vatican et stoppe devant un édifice qui semble avoir été épargné par les combats. La vue sur un océan Atlantique imperturbable contraste avec la moisissure des murs et la laideur des petits immeubles. Nous montons des escaliers, la fillette court devant, sa mère ouvre une porte cadenassée donnant sur un palier extérieur. L'appartement est sombre, les persiennes sont baissées et il y fait relativement frais. Victor suit avec mon bagage. Je ne perds pas de vue mon sac à dos bourré de dollars dont j'aimerais me débarrasser au plus vite.

– Voilà. C'est chez vous, annonce la femme en souriant. J'espère que cela vous convient.

– C'est très bien.

Elle rit pendant que sa fille disparaît dans un couloir obscur puis réapparaît quelques secondes plus tard avec un ours en peluche. Elle s'assoit par terre contre un mur et s'endort presque immédiatement en le serrant fort dans ses bras.

Ma chambre est calfeutrée par un gros matelas et du papier adhésif au logo de Médecins sans Frontières. Un lit qui grince, une chaise en plastique, c'est tout. La salle de bain n'a pas de lavabo, pas de miroir et pas de courant, juste une cuvette de toilette et une douche encrassée avec un seau rempli d'eau. Je m'y sens en sécurité. Après m'être rafraîchi le visage, je regagne la pièce principale, toujours plongée dans l'obscurité.

– Il est trop tard pour faire quoi que ce soit, indique la femme. Le couvre-feu est entre 6 heures du soir et 6 heures du matin.

Elle sert du thé dans des tasses ébréchées.

– Vous habitez ici ?

– Oui, en attendant. En fait, c'est l'appartement du représentant de la Croix-Rouge. Nous n'avions nulle part où aller, moi et ma fille, alors nous nous sommes installées ici. Sucre ?

– Vous n'avez pas peur ?

– Si, tout le temps. Mais Dieu nous protège, j'en suis certaine.

Elle se tait un instant en caressant une petite croix à son cou, comme si elle adressait une prière pour remercier d'être encore en vie. Puis elle sourit et signale :

– Victor dort dans la cuisine. C'est rassurant d'avoir un homme. Deux, maintenant, avec vous.

En cas d'attaque, je ne vois pas très bien en quoi je peux leur être utile mais je garde cette réflexion pour moi. Je meurs d'envie de faire un brin de toilette. Je suis affamé et exténué. Elle bavarde comme au jardin public, d'abord de tout et de rien, puis de son inquiétude pour sa fille sans père qui ne peut pas aller à l'école et qu'elle est bien obligée d'emmener partout. Mieux vaut la frêle protection de Victor et de la voiture que de la confier à des voisines dont elle se méfie. Dans les guerres civiles, on ne peut se fier à personne, surtout pas aux femmes, m'explique-t-elle.

– Pourquoi donc ? N'y a-t-il pas de solidarité entre femmes ?

Elle pouffe. Non, non, monsieur Damien, pas de solidarité féminine. Les femmes parlent trop. Elles se sentent constamment vulnérables et se doivent de protéger leurs enfants. Pour cela, elles n'hésiteront jamais à lâcher une information, même la plus anodine. Il ne faut jamais parler aux femmes, ni en temps de paix ni en temps de guerre. C'est comme cela, explique-t-elle, qu'elle a pu rester en vie pendant les trois dernières années de guerre. « Les femmes sont les pires ennemies des femmes, croyez-moi. »

Je l'écoute en silence tout en réfrénant une envie de tomber raide mort de fatigue. Je me pose des questions à son sujet. D'où vient-elle ? Comment parvient-elle à survivre dans des conditions pareilles – incertaines certes – mais mille fois meilleures que la plupart des autres ? Avec quel argent ? Comment arrive-t-elle à se nourrir et à subvenir aux besoins de sa fille ? Qui est Victor ? Tout semble irréel : cet appartement, sa manière sophistiquée de s'exprimer, son enfant et ce chauffeur muets. Par ailleurs, ses références constantes à l'intervention divine m'irritent un peu.

Dois-je lui confier l'argent ? Qui me dit qu'il sera équitablement distribué ? D'où lui viennent cette tranquille assurance et cette impunité lui permettant de mettre au pas un commandant, de squatter un vaste appartement plutôt confortable vu l'état délabré de la ville ? Et de survivre seule en plus ? Elle doit bien avoir quelqu'un pour la protéger, donc « rouler » pour une des factions rivales qui s'entre-tuent depuis des semaines pour la prise du pouvoir.

Je prétexte un peu de travail et m'effondre sur le lit de ma chambre maintenant plongée dans le noir total. Les draps sont humides et sentent le moisi. Puis brusquement, je me réveille en sursaut. La fillette se tient devant moi, les yeux fixes, une chandelle à la main.

– Le dîner est prêt, nous vous attendons, annonce-t-elle avant de s'éclipser comme un chat.

J'ai dormi une heure sans m'en rendre compte.

*

Des bougies éclairent la table, les couverts luisent sous la faible lumière et la mère et la fille attendent debout derrière leur chaise. La place du maître de maison m'est dévolue. Victor apparaît pieds nus mais en chemise blanche et chacun se sert comme dans un dîner officiel. On se donne la main pour réciter les grâces. « Seigneur, bénissez la nourriture que vous nous donnez aujourd'hui. Nous prions pour les gens qui n'ont pas notre chance. Protégez aussi Damien qui est ici, parmi nous, pour nous aider. Amen. » Amen, donc.

Le dîner est bon et je me demande comment Victor arrive à se débrouiller dans ces conditions, sans eau courante, sans électricité, sans gaz, tout seul.

– Nous avons un petit brasero sur le balcon. Victor sait tout faire.

Et il doit connaître aussi pas mal de monde, ce qui aide. La conversation tourne autour du rôle des États-Unis dans ce conflit, des différentes cliques qui transforment le pays en morgue à ciel ouvert, de la Croix-Rouge libérienne dont le Président a pris la poudre d'escampette laissant derrière lui ses employés.

– Il n'avait pas le choix, sa tête était mise à prix. Nous sommes dans les mains de Dieu maintenant, rien ne peut nous arriver.

Dehors, la nuit chuinte au son des insectes. Une mouche molle se pose dans les assiettes, chassée à tour de rôle. Parfois, des rafales de pistolets automatiques percent le silence et interrompent la discussion.

– Ne vous inquiétez pas, ce soir, ils sont loin, me rassure-t-elle en me serrant doucement la main. Au fait, quel âge avez-vous ?

– Trente-quatre ans, dis-je, troublé par ce léger rapprochement. Et vous, vous avez peur ? Je veux dire, en général ?

– Pas pour moi. Pour elle, oui, répond-elle en me désignant sa fille qui sourit mais ne dit toujours rien.

Depuis mon arrivée, hormis pour m'inviter à dîner, elle n'aura pas pipé mot en ma présence. Juste avant de passer à table, alors que je me lavais sommairement après une sieste, je les avais entendues parler dans leur langue. Mais là, rien. Aurait-elle peur de moi ?

Après le dîner, il n'y a rien à faire, je vais donc me coucher. La nuit est agitée, peuplée de tirs sporadiques assourdis par la pluie qui tombe sans arrêt. La chambre humide et les moustiques qui zézaient à mon oreille me préparent à l'insomnie. Je brasse des idées noires et des questions sans réponse. Je me sens seul, impuissant et incongru.

*

Au matin, tout commence une demi-heure après la levée du couvre-feu, c'est-à-dire une demi-heure précise après le lever du soleil. Du café délicieux – « c'est la seule chose que l'on trouve facilement dans cette ville, avec la bière et les armes » – et une tranche de pain de mie ramolli sous de la margarine d'un jaune suspect suffisent à me regonfler, d'autant plus que le soleil parvient à transformer la grande avenue surplombant l'océan en *Sunrise Boulevard* malgré des ordures qui se consument çà et là et l'odeur pestilentielle qui s'infiltre partout.

Des grappes d'hommes traînent aux carrefours et des femmes transportent des seaux en plastique à la recherche d'eau potable. Des enfants vendent des cigarettes ou des bananes sur les trottoirs ravagés. La plupart des magasins se retranchent derrière d'épais et futiles grillages en fer. La pénurie généralisée n'inspire plus les pillards. Ils préfèrent se rabattre sur les civils, se postent près des check-points tenus par des gamins aux pupilles dilatées avec lesquels ils sont de mèche et rançonnent les rares automobilistes.

— Il faudrait acheter des cigarettes. Ça nous faciliterait les choses avec les soldats, dit-elle.

Elle a troqué son chemisier rouge pour un autre, jaune vif. Ses cheveux propres brillent sous les rayons du soleil.

— Oui, fais-je machinalement, la tête ailleurs.

Je peste contre mon étourderie. Deux jours plus tôt, une collègue de travail m'avait conseillé d'apporter des produits féminins, essentiels. J'ai aussi oublié de prendre des crayons et des cahiers pour les enfants. Ce n'est tout simplement pas correct. Piteuse consolation : je leur laisserai en partant du dentifrice et du shampoing. Des babioles pour moi, des trésors pour eux.

Je réalise soudain que je parle d'«eux» comme des animaux dans un zoo revenus à la vie sauvage. Cette pensée me pétrifie de honte tant elle colle à la réalité. Dans une semaine, je serai loin. Je fais mon boulot, je suis ici pour une mission, je suis payé en conséquence et ne suis en rien responsable de leurs problèmes. Par définition, le messager ne fait que passer son chemin.

*

La journée se déroule dans les camps. J'aurais voulu rencontrer en personne la Présidente *ad interim* de la Croix-Rouge du Libéria pour lui refourguer le fric. Pas disponible, m'indique ma guide. Demain alors? Réponse évasive. Elle ne sait pas, peut-être. Je continue ma tâche en interviewant des personnes déplacées et en prenant des photos. Les gamins, hilares, s'agglutinent autour de moi. Dans les camps de réfugiés à travers le monde, il y a toujours des enfants joyeux qui s'agglutinent autour du photographe, lequel essaie de leur faire prendre des mines sombres pour mieux illustrer le propos de l'urgence humanitaire. Peine perdue, les enfants s'esclaffent, se poussent entre eux, prennent des poses en se dandinant comme des clowns, hurlent et rient de plus belle. Cela prend du temps de fixer sur la pellicule une réalité paradoxale dont le but est de susciter la compassion, la décision et l'action. Ils me suivent partout même quand je veux pisser. Les femmes n'aiment pas que je les prenne en photo. Elles ne se trouvent jamais assez bien habillées ; il n'est donc pas question d'afficher leur désarroi devant l'étranger.

En revanche, elles causent. Toujours la même souffrance : les combats qui éclatent près de leur village, la fuite éperdue, les maris qui restent pour chasser les pillards, l'exode sur les routes avec les enfants exténués qui se perdent en chemin. L'arrivée dans la capitale où les places sont chères et où les derniers arrivants se font racketter par les premiers occupants. La saleté, la promiscuité, les viols, les enlèvements d'enfants pour les enrôler de force dans les milices de Charles Taylor, Prince Johnson et des autres. L'inquiétude pour leurs petits, encore et toujours, la faim et les maladies. Elles ont toutes le même message : « Aidez-nous, nous n'avons rien reçu, le monde nous a abandonnés ». Pourtant, des sacs de provisions et des tentes offerts par des agences de l'ONU sont à vendre à tous les coins de rue.

*

Ce soir, Victor a préparé du poulet. Où et quand a-t-il trouvé un poulet ? Toute la journée, il est resté avec nous, agrippé au volant, ne s'éclipsant qu'une heure pour trouver de l'essence. L'odeur de volaille grillée enrobe les grâces et les effluves des bougies accompagnent les prières vers le plafond écaillé. Une nouvelle fois, elle me serre la main, plus fort que la veille. Elle parle avec le sourire, remue sa chevelure, rit même, et plaque souvent sa main sur sa poitrine. Sa décontraction apparente aiguise ma méfiance.

— Racontez-moi votre histoire. Toute la journée, nous avons interrogé les réfugiés, mais de vous, je ne sais rien, observé-je.

— Chut! Plus tard, répond-elle en faisant un petit signe en direction de sa fille.

Grâce au poulet, la bonne humeur plane dans un halo bienveillant. La fillette, trop excitée pour aller dormir, minaude et fait son intéressante. Sa mère hausse le ton et la petite obtempère, disparaissant dans le couloir.

Je vais fumer sur le balcon de la cuisine, à côté du brasero. La nuit est tranquille et bruisse d'insectes. On entend les vagues sur la plage et la lune presque pleine éclaire l'océan. Victor est en train de terminer la vaisselle. J'ai remarqué un bout de carton dans un coin avec une bougie entamée; je suppose qu'il dort dessus sitôt son miraculeux travail accompli.

— Je peux vous déranger sur le balcon? me surprend-elle, debout, une chandelle à la main.

— Oui, bien sûr.

– Je lui ai promis que vous lui raconteriez une histoire. Elle est agitée, ce soir. Vous voulez bien ? Ça ne vous ennuie pas ?

La fillette est lovée dans un grand lit qu'elle doit partager avec sa mère. Elle étreint son nounours et suce son pouce. Comme dans « ma » chambre, les fenêtres sont soigneusement calfeutrées et les particules d'air moite rendent l'atmosphère oppressante. Il y flotte un relent singulier, mélange de renfermé, de sueur et d'effluves féminins. L'histoire parle d'une petite fille courageuse qui aime l'école et qui se bat avec les autres enfants pour forcer les adultes à en rebâtir une, au village, malgré tous les dangers que cela comporte. Je trouve mon histoire plate, niaise, parsemée de traits d'humour inutiles, mais la petite fille écarquille les yeux ou fronce les sourcils au bon moment. Ses paupières tombent, je souffle la bougie et quitte la pièce en laissant la porte entrouverte.

Les jours suivants sont de la même veine. Interviews des réfugiés et photos d'enfants se succèdent, tensions dans les rues, averses soudaines, chaleur adhésive et puanteur caractéristique de la décomposition. Je suis atterré, non par les conditions exécrables dans lesquelles la population se débat mais par l'abandon total de ses repères moraux. Les pulsions primitives liées à la survie – manger, boire, dormir, se protéger et protéger ses enfants – ont pris le pas sur tout. « Ma fille se prostitue pour aider sa famille. C'est mal, je sais, mais que voulez-vous faire d'autre?», «Je n'ai plus de nouvelles de mon mari, il doit être en train de se battre ou alors il est mort, quelque part, sans avoir été enterré décemment», «Mon fils a rejoint des miliciens, il fait ce qu'il peut pour survivre. Moi, je n'ai plus la force ni l'autorité nécessaire pour m'en occuper». Tous ces témoignages de femmes convergent vers l'impasse, l'impuissance. Elles ne peuvent que constater parce qu'elles n'ont ni le temps et l'envie d'analyser, ni l'énergie de se projeter dans l'avenir. La survie au quotidien et le sentiment d'abandon impliquent le sacrifice des grands principes vertueux qui nous tiennent par la manche. Seules subsistent ici, dans la lumière d'un sourire ou d'une larme d'attente, entre mensonges et lamentations larvées, la dignité et l'espérance qui permettent de tenir malgré tout.

Victoire! J'ai enfin réussi à me délester de ces dollars encombrants. La «Présidente de la Croix-Rouge du Libéria par intérim» les a pris avec des mots de reconnaissance finement ciselés. Des mots parfaits, creusant encore plus le sillon du doute qui ne m'a jamais quitté depuis mon arrivée. Mais je n'ai pas le choix, je devais les lui donner à elle, en mains propres. Après…

Puis je rencontre finalement Sally, la journaliste de Reuters. Je m'attendais à une baroudeuse désabusée, accoutrée d'une veste multi-poches, le sourire narquois et le cynisme facile. Je me trompe à moitié. J'ai en face de moi une jeune femme extrêmement menue, vêtue d'un chemisier beige et d'un pantalon de toile bleu, au sourire narquois et au cynisme facile. Elle me parle de la situation politique (le souk), des exactions commises de part et d'autre (vérifiées par elle), de l'oubli tragique de cette partie du monde depuis la fuite de ses confrères, et ainsi de suite.

– Si je ne trouve pas un Américain dans le coin, il est impossible d'obtenir une ligne dans les journaux américains. Pareil pour les autres. Il n'y a que les médias anglais qui s'intéressent un peu à ce qui se passe ici. Parce que ce conflit commence à déborder vers la Sierra Leone.

– Que faut-il faire ?

– C'est à vous de répondre à cette question. D'abord, qu'est-ce que vous faites par ici ?

Je réponds la même formule vague : j'évalue les besoins et je récolte les témoignages. J'élude la question de l'argent.

– Vous autres, quand vous dites «évaluer les besoins», ça signifie que vous ne faites pas grand-chose.

Vu le contexte, même sans trop y croire, je récite les activités humanitaires de mon organisation et celles des autres. Je me méfie aussi un peu : après tout, elle est journaliste et ce que je dirai pourra instantanément être diffusé. Je dois jouer au bonhomme qui ne pense pas un traître mot de ce qu'il déblatère, vu le sourire ironique qu'elle me sert pendant mon exposé. Finalement, rien d'utile ne sort de cette discussion, juste une légère et fugitive complicité de messagers solitaires réunis au cœur du chaos.

Dans la voiture, la quiétude provisoire permet de réfléchir sur cette mission. Je fais ce que je peux. J'ai livré l'argent, moissonné des infos, pris des clichés. Je vois, capte, digère leur désespoir. On attend de moi de le régurgiter aux conférences de presse, à des journalistes de salon installés au siège de l'ONU, de leur donner des mots comme « urgence absolue », « détresse poignante de ceux qui ont tout perdu », « cauchemar humanitaire », etc. Eux voudront des faits, des chiffres et pas trop de mots. Je n'ai pas beaucoup de chiffres, je dispose de quelques faits, je croule sous le poids de phrases essayant en vain de transcrire l'enfer. Il s'agit d'alerter les médias en décrivant l'urgence. Il s'agit également de rassurer les potentiels donateurs : l'organisation sait ce qu'elle fait et leur argent sera correctement utilisé. L'un n'empêche pas l'autre mais la frontière entre l'exclamation et le ton diplomatique reste ténue. Je mesure le poids de mon impuissance et l'inutilité de ma petite personne.

Brusquement, mes tripes gargouillent. J'en ai assez de ce pays, je blâme l'indifférence du monde entier pour ces innocents, je maudis la connerie de leurs meurtriers de leaders, je maudis la désinvolture planétaire que j'affronte faiblement avec un cerveau, un stylo et un appareil photo.

*

Je pars demain. Ce soir, le dîner est expédié. Le crépitement des armes paraît plus proche et les assiettes tintinnabulent plus que d'habitude. La discussion s'est étiolée, les sujets susceptibles d'être évoqués devant des oreilles enfantines sont taris. Tout a déjà été passé en revue. Je rejoins leur chambre et raconte une histoire pour la dernière fois. Ensuite, je retrouve la mère. Toute la journée, elle m'a semblé distante, légèrement boudeuse. Elle patiente en fumant une cigarette sur le canapé, dans la pénombre mouvante au gré des sempiternelles chandelles.

— Voilà, ça y est, elle dort, annoncé-je en restant debout.

— Merci.

Sa voix grave est un peu hachée. Soudain, elle déclare tout de go :

– Je veux vous remercier pour tout ce que vous avez fait.

– Mais je n'ai pas fait grand-chose, c'est plutôt à moi de vous remer...

– Non, vous êtes venu nous aider.

Je garde le silence. Je ne fais que mon travail et dans deux jours, je serai chez moi, en sécurité, tandis qu'elle...

– Un soir, ils sont venus...

Elle s'interrompt et je me demande si je dois rester debout ou venir m'asseoir à côté d'elle. J'opte pour la position assise. Elle a un regard étrange, à la fois de défiance et de proximité accentué par la pénombre.

– Mon mari avait quitté la maison quelques jours plus tôt. Il m'a dit qu'il allait rejoindre des amis dans la brousse. Je savais qu'il allait rejoindre un groupe d'hommes du quartier qui avait décidé de se battre, mais je n'en savais pas plus. Mon frère avait disparu depuis quelques semaines et je n'avais plus de nouvelles. Je ne les connaissais pas, eux.

– Qui « eux » ?

– Ceux qui sont venus. Ils le cherchaient.

– Votre mari ou votre frère ?

– Mon frère.

Sa lèvre et ses mains tremblent.

– Ils sont entrés en sciant les barreaux d'une fenêtre et m'ont attachée à une chaise. Ça s'est passé très vite. Ils ont ensuite pris ma fille et l'ont couchée sur une table, l'ont déshabillée et l'un d'eux m'a crié que je devais leur dire où mon frère se cachait sinon ils allaient la violer, l'un après l'autre, puis la tuer.

Sa voix se brouille et un hoquet surgi des tréfonds lui fractionne le souffle.

– Ils m'ont mis un pistolet devant le visage et j'ai vu le doigt se crisper sur la gâchette. Puis il a tiré et la balle m'a frôlé l'oreille. Je suis restée sourde pendant des semaines.

Elle se tait, respirant par à-coups.

– Et ensuite ?

– Ensuite, rien. Ils ont peut-être réalisé que je ne savais rien et ils sont partis. J'ai eu peur, tellement peur…

Son visage se plisse et elle fond en larmes. Embarrassé, je ne sais que faire ni que dire. Un gémissement provenant de la chambre la fait se lever brusquement et elle disparaît en un clin d'œil, me laissant sur le canapé, vaguement soulagé. Son récit coïncide avec les témoignages enregistrés ces derniers jours. Mais il y a quelque chose qui cloche. Pourquoi l'ont-ils épargnée, elle, quand tout le monde dans ce pays tue tout le monde dans une totale impunité ? Surtout, le ton employé sonne faux.

De guerre lasse et ne la voyant pas revenir, je prépare mon sac, partagé entre la compassion et le doute. Je prends une douche d'eau fétide et plonge dans un sommeil agité. Très vite, je me réveille le cœur battant, sentant une présence insolite. Et je la vois, telle un spectre, en chemise de nuit avec un châle, le visage éclaboussé de larmes phosphorescentes à la lumière de la bougie qu'elle tient à la main, son ombre projetée sur les murs de la pièce. Je me redresse, crispé, craignant le malentendu.

Elle s'assied sur le lit et me prend la main.

– Fais-nous sortir d'ici, Damien. J'ai peur pour ma fille et pour moi. Dieu a abandonné notre pays, notre peuple. Il ne peut plus rien pour nous, tu comprends ?

– Oui.

– Alors, tu me le promets ?

– Je ne vois pas très bien ce que je peux faire.

– Tout. Surtout, ne nous abandonne pas.

– Mais je pars demain !

Elle renifle presque rageusement. Je ne distingue pas bien son visage, la bougie posée par terre n'éclairant qu'une infime partie de la chambre.

– Je sais, je le sais bien. Mais essaie de nous faire sortir d'ici, s'il te plaît. Tu me le promets ?

– Je vais essayer.

– Ce n'est pas assez. Promets-le moi.

J'hésite quelques secondes et de guerre lasse, je finis par répondre :

– Bon, d'accord, je le promets.

Elle passe immédiatement les bras autour de mon cou et m'étreint. Quelques larmes coulent sur mon épaule nue.

– Merci ! Tu es un homme bon. Que Dieu te bénisse.

Je ne réponds rien et elle me sert encore plus fort. Son odeur m'enveloppe, mélange de sueur et de parfum capiteux. Je n'aime pas ça mais ne réagis pas, regrettant déjà ma drôle de promesse. Elle émet un profond soupir, se dégage d'un coup sec et s'éclipse en silence, me laissant seul et soulagé.

La nuit est atroce et interminable. Quelques minutes après son départ, un spasme gigantesque venu des profondeurs me propulse vers la salle de bain, les oreilles sifflantes, le front mouillé et la respiration courte. Deux cachets n'ont aucun effet. Toutes les heures sont ponctuées de séances de vidange, me laissant à chaque fois un peu plus hagard, lessivé, démoli.

Le lendemain matin, je me réveille loqueteux après une nuit misérable. Oppressé, je finis de préparer mon bagage. Il n'y a plus d'eau et les quelques gouttes au fond du seau suffisent à peine à assainir les remugles de la veille.

Le trajet vers l'aéroport est rempli de pensées molles et nauséeuses. Je désire trois choses : foutre le camp d'ici, trouver des toilettes décentes, me laver. Le reste m'indiffère.

L'aéroport pue et grouille de monde, j'ai du mal à mettre un pied devant l'autre, la transpiration transforme ma chemise en serpillière. La femme happe mon billet et disparaît vers les comptoirs d'enregistrement assiégés par une foule bruyante et bigarrée. Je m'adosse à un pilier, le ventre en ébullition, comptant les minutes. Elle revient et me tend la carte d'embarquement.

– Ça va ? demande-t-elle.

– Ça va aller.

Elle évite mon regard, le mien évite le sien. Je veux partir, quitter à tout jamais cet endroit maudit oublié de son Dieu. L'attente se prolonge. Enfin, elle m'étreint une dernière fois.

– Tu te souviendras de ta promesse ? me chuchote-t-elle.

– Oui, réponds-je faiblement, abattu.

– Sûr ?

– Oui…

Et je pars après avoir serré la main de Victor et donné un baiser sur la joue de la petite fille. Je pars sans me retourner, sans un sourire, sans un merci. Je cours presque sur le tarmac, m'engouffre dans l'avion à moitié vide, respire avec délice la fraîcheur de l'air conditionné, m'affale sur le siège et plonge immédiatement dans un sommeil blanc.

*

Abidjan, Côte d'Ivoire. Mon somme dans l'avion m'a requinqué. J'ai hâte de découvrir les toilettes de l'hôtel, hâte de me doucher, hâte de m'enrouler dans des draps et de tout oublier. Le chauffeur de taxi ne m'en laisse pas l'occasion. Il est loquace parce qu'il n'a pas eu à marchander le tarif insensé de la course.

– Vous venez d'où ?

– Du Libéria.

– Ouh ! C'est pas bon par là-bas !

– Non, c'est pas bon. Pas bon du tout.

– Ah! ces anglophones, ils sont jamais fatigués des tueries.

– Voilà.

Les gratte-ciels d'Abidjan brillent au soleil et malgré le côté vétuste, voire pouilleux des boulevards et des gargotes entre l'aéroport et l'hôtel, la capitale m'apparaît comme un havre de paix fleurant le propre et le pimpant. Hélas, mon ventre recommence à faire des siennes et les pensées replongent dans les souterrains du découragement. À l'hôtel, je suis odieux, je pète un plomb. Le réceptionniste est le plus lent du monde, mon bide est aux extrêmes et je lui hurle de me donner une clé. Le reste, on verra plus tard. Je lui lance mon passeport et m'engouffre dans l'ascenseur.

Je dors treize heures d'affilée.

*

Le rapport photocopié a circulé dans le bureau. On l'a lu en silence, tasses de café sur la table. Une carte du Libéria accrochée au mur, pointillée d'épingles ornées de croix rouges, luit dans la lumière hiver-nale. Le Jura immuable, nappé de neige fraîche, rappelle que la nature se fout des folies humaines.

Genève est indifférente et grise. Si les bureaux des organisations internationales essaient, entre autres, d'améliorer le sort des oubliés de ce monde, ses rues et ses avenues restent à des années-lumière de mes préoccupations. Mes retours des pays déchus ou interdits sont toujours douloureux. J'ai l'habitude de cette déconnexion – babillages dans le tram, histoires de fin de mois, de fringues et de petits amis, toutes ces futilités dont je ne sais que faire. Dans une petite semaine, je badinerai comme tout le monde.

Au retour, j'ai donc pondu un rapport, ouvert le courrier qui s'était accumulé dans mon bac, répondu au téléphone, pris des rendez-vous, élaboré un plan médias pour les intéressés. La routine et le stress me sont tombés dessus comme une chape de plomb fondu dans laquelle je me débats pour essayer de tenir ma promesse : les faire sortir de là-bas.

Mais ce n'est pas à l'ordre du jour.

– Pourquoi donc ? demande M.W. à la fin de la réunion.

Elle prend la posture du grand *boss*, mains jointes derrière la tête. Son éternel regard froid et ricaneur me met sur la défensive.

– Elle fait un travail remarquable, dis-je au bout d'un moment.

Tous les arguments en sa faveur me paraissent soudain dérisoires et peu professionnels. M.W. hausse les épaules.

– Elle fait son boulot, c'est tout. Tu fais le tien, je fais le mien. Tu es conscient de la logistique à mettre en place ?

Je l'imagine. Deux passeports dans un pays vidé de ses ambassades, de l'argent dans un pays vidé de ses banques, et puis un exil qui…

– Il n'y a pas que ta bonne dame du Libéria. Notre rôle est de nous occuper des gens, pas des individus.

J'acquiesce, un pied déjà dans la défaite. On me la resservira bien souvent, cette phrase imparable et cruelle, devant laquelle je suis réduit au rôle de petit Don Quichotte naïf et ridicule. Devant mon silence, elle enfonce le clou :

– Es-tu sûr de sa probité ? Qu'elle ne t'a pas monté en bateau ?

Je préfère ne pas répondre. Non, je n'en suis pas sûr. Seulement *presque* sûr, et encore. Cette quasi-certitude suffit-elle à mettre en branle une délicate opération logistique et humaine ? Coûteuse, qui plus est ? Je comprends qu'il est hors de question de mettre à contribution les donateurs. Eux aussi se soucient davantage des masses et des chiffres que des émotions et des individus. Là-bas, je représentais une organisation officielle, j'arborais l'apparence du pouvoir et donc l'illusion de posséder une certaine autonomie. Mais ici, entre ces quatre murs, loin du «terrain», je ne suis qu'un pion sur l'échiquier. Mes états d'âme sont hors-sujet. Et si j'ai été assez con pour promettre quoi que ce soit, c'est mon problème. Rien que mon problème.

Je me rebiffe un peu dans un dernier sursaut d'orgueil. Je ne connais que trop bien cette impuissance engendrée par les diktats de la tragique réalité et les priorités de la boîte, laquelle m'assure des fins de mois confortables.

– Bon, si je comprends bien, on ne peut rien faire ?

M.W. soupire en levant les yeux au ciel, signifiant très clairement le fossé entre la professionnelle aguerrie qu'elle est et l'amateur candide que je suis.

– Je vais voir mais à mon avis, le cas est trop compliqué et nos priorités sont ailleurs. Écoute, tu as fait du bon travail, ton rapport est très intéressant. Voilà. Bonne journée.

J'allais fermer la porte lorsqu'elle m'interpelle.

– Damien ?

– Oui ?

– Oublie.

C'est ce que j'ai fait. J'ai remplacé ma promesse par un fatras de bonnes raisons pour ne pas la tenir. Les priorités universelles de l'Organisation, la routine quotidienne qui oblige à jongler entre les crises qui secouent le monde, le doute qui s'est insinué dès le départ sur les véritables intentions de cette dame en rouge, l'inextinguible diarrhée qui m'a fait perdre les pédales, et cette vieille politesse, trop automatique.

J'ai même oublié son nom.

Mais le remords, lui, ne m'a jamais oublié.

*

Cambodge (Kampuchéa), 1992

À *Mongkol Borei, l'hôpital tenu par le Comité international de la Croix-Rouge, a un petit côté propret bien helvétique malgré la végétation luxuriante et la chaleur poisseuse. Dans cette enclave aseptisée, presque aussi pimpante qu'un dispensaire du Valais, les effluves de désinfectants camouflent l'odeur du sang et de la crasse. Les médecins y soignent les victimes d'un conflit interminable qui ont survécu aux horreurs perpétrées par les Khmers rouges, les déplacements perpétuels, la famine, les fièvres tropicales et les mines antipersonnel.*

Depuis 1990, un accord a été trouvé. Les Vietnamiens, qui ont d'abord libéré le Cambodge en 1979 après quatre années sous Pol Pot, et qui l'ont ensuite occupé pendant onze ans, quittent le pays. Les centaines de milliers de réfugiés cambodgiens en Thaïlande doivent retourner chez eux. Mais leur chez-eux est dévasté et les mines disséminées un peu partout rendent l'opération extrêmement périlleuse. Un accord a été trouvé, certes, mais les quatre factions rivales cambodgiennes se battent pour le contrôle du territoire. En clair, on se situe entre guerre et paix.

L'accueil n'est pas chaleureux. Annette, chirurgien de guerre aux traits tirés, me dévisage de haut en bas.

– C'est toi le scribouillard ? On vient de réceptionner deux blessés alors tu m'excuses, je suis occupée, j'ai autre chose à faire que bavarder.

Certes, mais ce qu'elle oublie, c'est que le scribouillard transmet des informations susceptibles de rapporter des dons, lesquels financeront ses bistouris, ses pansements, son bloc et d'autres chirurgiens encore.

Elle me fait signe de la suivre. Devant la porte qui mène au bloc, deux jeunes garçons d'une dizaine d'années sont couchés sur des civières. La bouche sifflante, le teint cireux, du sang partout, ils viennent de sauter sur deux engins explosifs. Pas une larme. Ils respirent faiblement.

– Choisis.

– Pardon ?

– Choisis. Ils sont tous les deux en très mauvais état. Je dois en opérer un, juste un. L'autre va certainement mourir. Alors, je dois choisir lequel. Aide-moi, tu veux ? Choisis.

Je reste bouche bée. Sale tour de sa part mais qui a le mérite d'être franc. Je suis tellement ébranlé que je tourne vite les talons et vais me réfugier dans la cuisine qui sert de salle commune. Je me prépare, tremblant, un nescafé.

Les enfants sont toujours les éternelles victimes des conflits. C'est à eux, dorénavant, que je consacrerai mon énergie.

ASMARA ET MASSAOUA - 1994

L'Érythrée est indépendante depuis un an, au terme d'une lutte armée contre l'Éthiopie qui a duré trente ans. Le pays est chroniquement sous-développé, les infrastructures presque inexistantes et près de 90% des habitants vivent en dessous du seuil de pauvreté. Toutefois, il savoure une période d'euphorie qui ne durera malheureusement pas.

– *Un cappuccino, per favore.*

– *Si, pronto* !

D'habitude, le café m'empêche de dormir sitôt passées deux heures de l'après-midi mais *baste!* comment résister à ce breuvage onctueux sur une terrasse irisée par cette si belle lumière ? Des myriades d'oiseaux pourchassent des moucherons. De la musique s'échappe du kiosque qui vend du tabac et des journaux. Un vieillard buriné chatouille sa barbiche ; lui aussi déguste un moussu sur une table branlante à côté de la mienne. La terrasse du Café de l'Indépendance se situe au milieu du rond-point, à partir duquel commence une avenue rectiligne qui traverse une grande partie d'Asmara. Elle finit par s'échouer dans les bras d'un terrain vague qui tremblote dans une apathie poussiéreuse.

Dès l'aube, les rues sont balayées par des escouades de femmes volontaires. Les marchés, bien fournis, regorgent de fruits et de légumes. Les taxis honnêtes peuvent être appelés par téléphone. Le soir, de jeunes gens déambulent le long de l'avenue Harnet et dans les ruelles adjacentes en sirotant des jus de fruits frais. D'autres écoutent de la musique locale dans des restaurants bondés. La *dolce vita* est ici un concept porteur.

Le serveur contemple ma bobine réjouie. La mousse du café est tellement vaporeuse qu'on ne serait pas étonné de la voir s'envoler et rejoindre les oiseaux. Pas de doute, le meilleur *kawa* est vraiment né ici.

J'étire les bras vers le ciel, heureux. La journée a été bonne. Un groupe d'enfants déguenillés jouent à se poursuivre, hurlant comme des porcelets, espérant attirer mon attention.

Avec Llewellyn, mon collègue gallois, on a boycotté le bureau de l'UNICEF, loué une voiture et caracolé vers la plaine côtière sur une route insensée pour finalement atterrir dans un paysage lunaire. Au départ de la capitale, à 2 350 mètres d'altitude, un pull et une écharpe réchauffent nos corps ankylosés par la brume froide du petit matin. Très vite, la route plonge dans une descente vertigineuse : lacis de nids de poule, de bitume éventré et de virages en tête d'épingle. Les freins souffrent, la voiture tressaute et Llewellyn transpire. Je préfère ne pas trop penser à un accident, sans moyens d'assistance, sans moyens de communication ou kit de première urgence. La voie de chemin de fer, construite par les Italiens au siècle dernier, se fait rafistoler par des travailleurs épars, couverts des pieds à la tête pour se protéger du soleil, sentinelles armées de pelles et de pioches tapies au détour des virages.

En 1852, un explorateur basque, Antoine d'Abbadie, arpentait la même route mais en sens inverse. Il venait de Massaoua sur la mer Rouge : «À mesure qu'il remonte cette vallée étroite et pierreuse, le voyageur trouve le ruisseau plus vif et plus épanoui ; d'abord un peu d'herbe, puis un arbre vert ; plus haut enfin de riants ombrages l'initient peu à peu à la fraîcheur des hautes terres. Bientôt il n'entend plus rugir le lion, des oiseaux nouveaux gazouillent sous la feuillée, et des troupes de singes jettent leurs cris d'alarme du haut de chaque rocher. On arrive enfin à la rude montée où le chameau est remplacé par le buffle charge, on gravit en zigzag parmi des plantes grasses aux fleurs rouges, et l'on arrive enfin au bord du plateau abyssin. Là se dressent de toutes parts des arzes, arbres toujours verts, pareils aux cèdres, et dont les branches sont agitées par des brises fraîches qui semblent annoncer une terre promise. »[14]

*

Il existe par le monde des noms évocateurs chargés d'arômes qui titillent agréablement les sens de l'intrépide et du rêveur : Zanzibar, Samarkand, Aden, Malacca (plutôt que Rimini, Porrentruy ou Miami). L'Abyssinie tient le haut de mon podium : je songe aux caravanes de la reine de Saba, aux fièvres hallucinatoires de Rimbaud, aux contrebandes de Monfreid, aux dromadaires des tribus Afar ou au trafic d'esclaves, ces derniers ayant octroyé des services très domestiques à des quantités d'Abdallah de la péninsule arabique.

Massaoua est de ceux qui font rêver. J'hésite même à l'épeler. Est-ce *Moussawa, Massaua, Massawa, Missiwa'E*? Ce port érythréen a subi tellement d'influences qu'il n'est constitué que de lambeaux

---

14. D'Abbadie, A., *Lettre de M. Antoine d'Abbadie à lord Clifford sur l'Abyssinie*, Lyon, 1853.

d'architecture et de faciès inclassables rappelant les splendeurs passées et les métissages. Toute ville possède une aura et une âme. L'énigmatique orthographe de Massaoua me suggère une courtisane flétrie, encore voluptueuse et ondulante, qui aguiche toujours les visiteurs. Tour à tour Égyptienne, Ottomane, Italienne, elle coagule en sa croupe des fibres et des semences phéniciennes, omanaises, grecques, yéménites, portugaises, indiennes, anglaises, éthiopiennes, françaises, et même suisses. Massaoua, cité-mosaïque en pleine déliquescence, conserve un charme certain.

Elle tombe aussi en ruines et ne garde à présent que les affres de trop d'années de guerre civile, achevée en 1991. Le port se languit, les marchands s'ennuient, les façades des maisons s'effritent et les rues sont désertées par une population indécise face à la mer cul-de-sac. Des édifices entiers sont en cendres, bombardés par les *Migs* éthiopiens. Quelques hommes sirotent du café, les yeux perdus dans une vague de torpeur. Les enfants ne jouent pas, les femmes font sans doute la sieste derrière les moucharabiehs. Seules les mouches et la chaleur ont apprivoisé ce vide opalin.

L'année dernière, l'Érythrée est devenue, non sans mal, le cinquante-deuxième État d'Afrique. Trois décennies de guerre civile avec l'Éthiopie, la même litanie de morts, d'orphelins et de réfugiés, une espérance de vie dérisoire, une économie ruinée, une agriculture dévastée et la sécheresse. Les hommes vaillants ont été tués. Ceux qui survivent se taisent comme l'ordonne le nouveau Gouvernement militaire. Des femmes se sont battues à leurs côtés mais elles sont dorénavant priées de revenir aux fourneaux, d'accoucher de garçons et de s'effacer, comme le prescrit l'usage depuis la nuit des temps. Les enfants apprennent toujours dans des manuels désuets qui leur parlent de la grande civilisation éthiopienne, le géant ennemi désormais vaincu. L'Érythrée a gagné la guerre, il lui reste à conquérir la paix. Mais pour l'instant, un an après l'indépendance, tout va bien : l'enthousiasme de la victoire lui tient de placebo contre le virus de l'accablement.

Les ventilateurs poussifs du rare bistro ouvert brassent un air gluant. Llewellyn m'y attend devant un coca. Dans une douche fermée par un rideau de bambou, un filet d'eau débarrasse le sel de mes pores.

– Alors, la baignade ?

– Chaud. Trop chaud. J'avais l'impression de nager dans de la soupe.

Il rit, chasse les mouches agglutinées sur le goulot de la bouteille, avale une lampée de coca tiède et étouffe un rot. Il s'enquiert :

– En un mot, tu le vois comment l'avenir de l'Érythrée ?

– Bon.

– Et en deux mots ?

– Pas bon.

On commande. La carte est abondante mais la réalité plus pro-
saïque. Il n'y a que des œufs, des olives et du *teff*[15], avertit la serveuse
alanguie, curieuse de savoir ce que deux Blancs fabriquent sur cette
plage. Je résume :

– Je pense que cette sécheresse va exciter l'intérêt des donateurs.
Ça servira à parer l'urgence et à commencer les efforts de développement. À part ça, tout reste à faire. Qu'est-ce que le monde en a à
fiche de l'Érythrée ? Il n'y a pas de pétrole, pas de matières premières.
Remarque, ça empêchera le pillage post-indépendance. Les requins
abondent en mer Rouge mais ils tiennent à distance les vrais requins
blancs.

Llewellyn éclate de rire.

– Peut-être mais moi, je suis plus optimiste. Pour le moment, le
Gouvernement a évité les erreurs de débutants. Il dit merde à la
communauté internationale qui le presse d'organiser des élections
« démocratiques ». Élections inutiles, d'ailleurs.

---

15. Nom local du *poa abyssinica*, graminée cultivée comme céréale. On la cuisine comme
une galette et elle constitue la base de l'alimentation traditionnelle en Éthiopie, Érythrée,
Somalie, nord du Kenya et dans certaines parties du Soudan.

– Et c'est une bonne chose, ça ? demandé-je en savourant une omelette maigrichonne.

– Ouais, y'a pas que ça à faire, y'a plus urgent. Un peu de discipline militaire pour reconstruire le pays me paraît une bonne chose. Et puis garder les requins blancs à distance n'est pas pour me déplaire. C'est digne. Pourquoi tu ne le trouves pas bon, l'avenir de l'Érythrée ?

Je réfléchis quelques secondes. Je ne sais pas trop, en fait, mais je le *sens*.

– L'Éthiopie l'a mauvaise. Elle a perdu la guerre et surtout, son accès à la mer. C'est maintenant un pays enclavé. Elle va vouloir prendre sa revanche. Ce gouvernement-ci n'est pas du genre conciliant. Et puis regarde, Massaoua croule de gravats, Assab n'est pas mieux, l'agriculture est en pièces, l'économie au fond du trou et il n'y a pas de pognon. Être petit et n'avoir rien à offrir aux requins blancs ne sont pas les meilleurs critères pour un avenir radieux. C'est ça, le problème. Être petit et indépendant te rend forcément dépendant.

– Mouais. T'es pessimiste. Je pense au contraire que l'Érythrée évitera les conneries faites par les autres pays africains. Les deux religions majoritaires s'entendent plutôt bien et les gens ont l'air emballés.

Il suffit de sortir de la capitale pour s'apercevoir que la paix ne changera pas tout de suite la vie quotidienne de la population. Comme ailleurs en Afrique, Asmara attire les maigres ressources et délaisse le reste du pays qui se démène avec rien, c'est-à-dire les criquets, la caillasse, la soif et la maladie. Même ici, à Massaoua, deuxième ville du pays, fragile oasis au bout de tout, l'extrême vulnérabilité se lit dans les yeux des gens.

Des carcasses de chars abandonnés parsèment la route du retour vers Asmara. Comme dans *Un taxi pour Tobrouk*, on pourrait faire cuire un œuf sur le capot chauffé à blanc par le soleil du désert. Une charogne de dromadaire sèche dans un coin, encerclée par des vautours à l'œil torve et des millions de mouches vrombissantes. La fournaise s'est infiltrée dans la voiture.

*

Le soir, assis à côté du vieillard qui s'est assoupi, je regarde les gosses en haillons qui s'égosillent, toujours ravis de faire les malins devant l'étranger blanc. Je pense à la remarque de Llewellyn sur mon pessimisme. Il a raison. Finies les illusions sur la nature humaine! Merci le contact de la souffrance des gens! ceux que j'ai côtoyés en Afrique du Sud, au Libéria, au Cambodge, au Kurdistan ou ailleurs. Pas de regrets car c'était prévu. Le monde est une foire d'empoigne, je n'allais évidemment pas être épargné. L'impudence des puissants, la corruption des dirigeants, le pouvoir qui écrase, qui lamine, et cette capacité à le supporter sont des faits indéniables. L'arrogance des ignorants ou l'excès des fanatiques contaminent la planète. Le constat est répétitif. Les victimes des guerres civiles sont fréquemment responsables de leur état : à travers leurs coutumes et leurs croyances, leurs certitudes religieuses pétries d'ostracisme, leur refus du changement, elles portent souvent en elles les germes de leur propre malheur.

Il y a peu, je suis devenu à la fois père et orphelin. En trois ans, mes parents se sont rejoints dans un cimetière de campagne. Dorénavant, ces deux sémaphores n'éclairent plus mon existence. Depuis, mon chagrin semble dérisoire comparé à tous les autres, mais c'est le mien et j'y tiens. Trois ans d'écart pendant lesquels l'arrivée de ma fille s'est intercalée comme du papier carbone dans mon existence instable. Je rame à concilier vie professionnelle – éclatée aux quatre coins du monde – et vie « normale » fondée sur des promenades au parc, des couches-culottes, des dîners en ville et des queues dans les supermarchés de ma patrie replète. Je voltige d'un extrême à l'autre, de Noël en Carême, comme un acteur jouant deux pièces en même temps, face à deux auditoires différents.

Mais l'heure tourne et je suis en retard. L'appel du muezzin retentit et se juxtapose à celui des cloches de l'église orthodoxe. Alors, pessimiste peut-être mais surtout tiraillé dans la solitude d'une double vie mouvementée et à la dérive.

Llewellyn doit maintenant m'attendre dans ce restaurant qui sert un succulent *injera*, la grande crêpe locale, le plat traditionnel abyssin. Je paie rapidement le serveur, laisse un pourboire (qu'il refuse) et dévale l'avenue en direction du restaurant. L'air frisquet d'Asmara tranche avec la chaleur de cette journée passée à musarder dans Massaoua.

Le patron reconnaît ses meilleurs clients du moment et, sourire béat sur une tête de marabout et un torse d'hippopotame, pointe sa meilleure table avec courbettes et force gestes. Il n'y a que de l'*injera* au menu, le service est donc rapide.

— La journée a été bonne, hein? s'empiffre Llewellyn.

— Excellente. C'est fou comme Massaoua est différente d'Asmara, réponds-je en me suçant les doigts.

L'*injera* se mange avec les mains et c'est la moindre des politesses. Pendant quelques minutes, nous nous tenons coi, les mâchoires trop occupées à mastiquer et les doigts trop concentrés par la délicate tâche de ne pas en foutre partout. Llewellyn rompt le balai des mandibules graisseuses :

— Damien?

– Hmmm ?

– Regarde.

– Quoi ?

– Là. Dehors.

Je suis son regard et aperçois dans l'obscurité, derrière la vitre du restaurant, une ribambelle d'enfants qui nous observe. Je ne me sens pas très à l'aise et Llewellyn est sur la même longueur d'ondes.

– Ils doivent crever de faim…

Les enfants sont de plus en plus bruyants. Le patron sort, vitupère et les chasse d'un coup de torchon. On ne dérange pas les convives, allez ouste ! du balai ! Ils déguerpissent à toute vitesse pour revenir quelques secondes plus tard se coller derrière la vitre en chahutant. Le patron lève les yeux au ciel et mime l'impuissance.

– Damien ?

– Hmmm ?

– Regarde.

– Quoi ?

– Y'en a un qui fait signe qu'il veut te parler. Tu le connais ?

Une fois de plus, je me retourne et reconnais un des mômes qui jouait à faire l'intéressant pendant que je prenais le café. Je souris en hochant la tête. Il brandit quelque chose de noir qu'il plaque sur la vitre.

– Oui, je le reconnais. J'étais à une terrasse plus tôt et ils jouaient devant moi.

Soudain, je me pétrifie.

– Nom de Dieu !

– Quoi ?

Je ne réponds pas et fouille, paniqué, dans la doublure de mon blouson. La poche extérieure droite puis la gauche, puis la poche intérieure et celle de droite.

– Quoiii ?

– Mon portefeuille !

– Hein ?

– Merde ! Il a pris mon portefeuille !

Je jaillis comme un missile laissant Llewellyn bouche bée et me précipite vers le garçon. Il me tend le portefeuille, très fier, avec un grand sourire.

Mon portefeuille ! Mon cher, mon indispensable portefeuille. Avec l'argent, la carte de crédit, le permis de séjour, tout. Je vérifie. Incroyable ! il ne manque rien. Dans ma précipitation de ne pas arriver en retard, je l'avais oublié, éternel distrait, sur la table du bistro.

Sans lui, c'était la tuile : je ne pouvais plus prouver mon identité, des heures d'ennuis en perspective, une perte de temps insupportable. Avec de grands gestes, je remercie, les larmes aux yeux, éberlué par ma chance. Le jeune garçon est tout content. Je veux lui donner quelques billets mais il refuse. J'insiste, il mérite bien une récompense. Il refuse à nouveau et se met à se frotter le ventre.

J'ordonne au patron de lui servir, à lui et à tous ses copains, un grand, un immense, un magnifique plat d'*injera*. C'est bien la moindre des choses.

Et ce soir-là, je me couche un peu moins pessimiste.

KiGALi - 1994

Entre avril et juillet de cette même année, le génocide au Rwanda a coûté la vie à 800 000 personnes. La majorité des Tutsis et des Hutus modérés ont été tués à la machette, à la hache, à la fourchette et aux cailloux. Ce massacre est le plus rapide et le plus meurtrier de tous les temps. La capitale, Kigali, vient d'être libérée par les troupes du FPR dirigées par Kagamé. Près de deux millions de réfugiés hutus s'installent, en l'espace de deux jours, dans des camps au Congo, au Burundi et en Tanzanie. La plupart reviendra au pays deux ans plus tard. Depuis cette date, le Président Kagamé est toujours en place et la région des Grands Lacs est en proie à une guerre confuse toujours aussi sanglante.

Le génocide est terminé et le Rwanda sur les genoux. La tragédie se résume à un désastre biblique : des millions de morts, de réfugiés, de déplacés – la ritournelle immuable – et le choléra, la dysenterie, le manque d'eau potable et de nourriture. Le traumatisme est total. Les survivants errent, faméliques, au milieu des ordures et se battent pour un morceau de pain ou de carton contre des chiens trop agressifs et des corbeaux trop gras.

Impossible d'oublier l'odeur, omniprésente, qui s'immisce dans les moindres recoins de cette terre ravagée par une fureur incompréhensible.

Les bureaux de l'UNICEF ressemblent à une ruche. En attendant que les Casques bleus déminent nos anciens locaux, nous squattons ceux de la Banque mondiale, trop spacieux et peu pratiques. Les premiers jours, c'est le bordel : tout le monde court dans tous les sens, essaie de définir les priorités, de parer au plus pressé, de savoir qui fait quoi. Je partage une grande pièce avec Patrick, un Irlandais cyclothymique et Musa, un Somalien ténébreux. Il n'y a plus de vitres aux fenêtres. Les radios portatives commencent à crachouiller. Je deviens *Delta 2*.

Pour des questions de sécurité, nous logeons à l'Hôtel des Mille Collines. Celui dont on parle dans le film[16]. Quatre personnes doivent

---

16. *Hôtel Rwanda* (2004), réalisé par Terry George avec Don Cheadle, Nick Nolte et Jean Reno.

partager une chambre à deux lits, deux femmes et deux hommes. Les plus chanceux. Les autres dorment dans les couloirs aux murs verts zébrés de sang. Pas de portes, et quand il y en a, pas de loquet. Pas d'eau non plus, du moins les premiers temps. Nous disposons chacun d'une bouteille quotidienne de 125 centilitres pour boire, se laver et tirer la chasse d'eau. Très vite, cette eau devient une monnaie d'échange. On troque un petit service contre un verre d'eau. Le courant est coupé entre 18 heures et 6 heures du matin, nous lisons à la lueur des bougies ou des lampes de poche.

La nuit, Alissa, une Californienne, prie en pleurant. Une Japonaise dont je ne me souviens plus du nom, se recroqueville comme un bébé, muette et immobile. Everett est installé par terre mais on ne le voit jamais ; invisible, il travaille tout le temps. Quant à moi, je m'allonge près de la porte-fenêtre donnant sur un balcon. Là, je fume ma pipe, écoute le silence et contemple les étoiles. Elles me permettent pour un temps de passer dans une autre dimension, celle de la trêve nocturne qui atténue les douleurs de l'âme. Parce que toute la journée, la mort est là. Les survivants épargnés par le massacre errent comme des fantômes, hébétés, tentant de reconstruire leur existence.

Chaque jour apporte son lot de nouvelles abominables. Le lundi, on trouve des centaines de cadavres entassés dans une église alors qu'à cinquante mètres, un petit marché plein de femmes aux couleurs vives vendent et achètent des bananes, des cigarettes à l'unité et du coca. Le mercredi, un container métallique jaune, incongru au bord de la route, attire l'attention de bénévoles de la Croix-Rouge rwandaise. Un curieux bourdonnement s'en échappe. Intriguée, l'équipe réalise que le bloc est cadenassé. En finissant par l'ouvrir, elle découvre des dizaines de corps, uniquement des femmes et des enfants, serrés comme des sardines, morts de faim, de soif et de chaud. Et le vendredi, on apprend que près de 110 000 gamins perdus, sans nouvelles de leurs parents, ont été identifiés. Le samedi, la prison de Kigali est tellement pleine qu'on est obligé de suspendre les mineurs présumés coupables dans des filets au-dessus des codétenus.

En fait, tout n'est pas aussi atroce que ça en a l'air mais nos émotions sont déséquilibrées. Oui, c'est ça, *déséquilibrées*. Nous passons sans cesse du rire aux larmes. Toutes nos valeurs se heurtent à une réalité barbare et chaque jour, nous perdons un peu plus nos repères. Nous vivons sans boussole, heure après heure. Seule la nuit apporte un répit salutaire.

Un matin, un singe vient nous rendre visite au bureau. Il s'installe sur la table de Musa et observe l'ordinateur en se grattant le cul. Musa est paralysé tandis que Patrick et moi sommes morts de rire. Ensuite, le singe déboule à la division des Finances. Les cris et hurlements ne le mettent même pas en fuite ; il faut dire qu'il a la fâcheuse manie de mettre son nez sous les jupes des dames.

Rire, dormir, boire ensemble et faire des prières permettent de ne pas craquer.

La vie reprend vite ses droits. Au début, il n'y a rien à manger. Arrivent l'épicerie et le restaurant indien. Ensuite, le resto chinois. Et la boulangerie libanaise, le bar grec où nous allons vider des bières blondes, tièdes d'abord, glacées à la fin. Il y a plus de bière et de coca que d'eau potable.

Mon quotidien se normalise. La nuit, je dors dans un sac de couchage, dans une chambre. Après le petit-déjeuner, c'est la marche vers le bureau, le travail, les réunions, le travail, la pause-déjeuner, le travail, puis le retour à l'hôtel et la bière avec les collègues ou les journalistes qui commencent à se languir. À 20 heures, extinction des feux.

Je me lasse cependant vite de cette routine, de remuer des chiffres tristes et de passer mes journées devant un écran, dans un local aseptisé, loin du terrain. Je suis venu pour panser les plaies, nom d'un chien ! pas pour aligner des statistiques ni écrire des communiqués de presse, des choses lénifiantes pour des nuées de reporters en mal de scoops. J'écris ce que je ne vois pas, ou peu. Je me morfonds.

Un soir, assez tard, alors que je finalise un communiqué destiné au siège central, à New York, à des années-lumière, elle s'assied silencieusement sur une chaise devant le fatras de mon bureau et attend que je lève les yeux de mon clavier. Je sais qu'Ernestine a perdu son mari et deux de ses fils dans les massacres. Parmi le personnel rwandais qui travaille ici, tous ont un ou plusieurs membres de leur famille qui ont été tués. Son visage énigmatique attend. Ses yeux sont voilés, éteints.

– Oui ? dis-je.

– Je m'appelle Ernestine. Je travaille à la logistique. Je ne veux pas vous importuner.

– Que puis-je faire pour vous, Ernestine ?

Sa visite me surprend. Habituellement, les gens de la logistique ne travaillent guère avec ceux de l'information. Je ne connais rien d'elle, sauf son nom, vaguement. Après un long silence, elle continue :

– J'ai besoin que vous m'aidiez, Delta 2. Mais je ne veux pas vous déranger.

– Vous ne me dérangez pas. Je m'appelle Damien.

Au même instant, quelqu'un des télécommunications crachote dans la radio.

– Delta 2, Delta 2. Téléphone. New York. Urgent ! Over.

– Delta 2, j'arrive.

Je fais la grimace. Quand New York appelle, j'en ai pour des lustres.

– Ernestine, désolé, j'en ai pour un moment.

– Aucune importance.

L'appel prend une plombe, comme convenu. Quand je reviens, une coupure d'électricité plonge les locaux dans le noir et j'ai complètement oublié Ernestine. Une odeur de tabac flotte dans la pièce qu'éclaire seulement l'écran d'ordinateur. Ernestine est toujours là et fume une cigarette dont je ne distingue que le bout rougeâtre.

– Voilà. Que puis-je faire pour vous ? demandé-je de nouveau.

– Je ne veux pas vous déranger.

– Bon, alors ? dis-je un peu sèchement.

Elle écrase sa cigarette par terre et, après une dernière bouffée, déclare :

– Je voudrais que vous enterriez mon fils et mon mari. Dignement.

J'ai encore en tête le coup de fil avec New York et tous les nouveaux problèmes à régler. Je ne sais que répondre. Je ne la distingue toujours pas dans l'obscurité.

– Pourquoi me demander ça à moi ?

– Parce que vous êtes gentil.

Je suis encore plus étonné. Devant mon silence, elle ajoute très vite :

— Je les ai vus se faire tuer devant la maison. Ils ont ouvert le ventre de mon fils et ont tiré une balle dans la tête de mon mari. Puis ils les ont enterrés dans un trou près des ordures, comme des chiens. Je veux que vous les déterriez. Et qu'ensuite, on les ensevelisse dignement. La nuit, j'ai peur. Leurs fantômes viennent me déranger dans mon sommeil. Je veux qu'ils reposent en paix, au pied d'un arbre du roi. Je veux un prêtre, une sépulture. Alors, j'irai mieux.

Elle parle sans un sanglot, d'une voix neutre et atone.

Dans la culture rwandaise, les morts doivent être inhumés dans le respect des traditions sinon leur esprit vient harceler les vivants. Ernestine a besoin de ce rituel pour être apaisée. Mais pourquoi me choisir, moi ? Mon talent d'homme à tout faire frise le symbolique et mon physique n'a rien du malabar. Par ailleurs, une équipe de l'ONU se charge de ce genre de besogne. Elle écume le pays en quête de cadavres à ressortir des fosses ou des puits dans lesquels ils ont été abandonnés par leurs assassins. Alors, pourquoi moi ? Et si c'était un traquenard ?

Je réfléchis rapidement dans l'obscurité. Ernestine vient d'allumer une autre cigarette et patiente sans dire un mot. Ses mains et sa clope vacillante dévoilent son trouble. Mon cerveau est en effervescence, j'évalue, je soupèse. Mon intuition me dit que ce n'est pas un piège, ma raison le confirme avec l'évidence de quelques arguments. Je peux demander l'aide de l'ONU : je connais un Canadien avec qui je siffle des demis au bord de la piscine vide de l'hôtel. Il pourrait peut-être me prêter son attirail de fossoyeur – deux sacs étanches, une paire de gants, un masque et une combinaison. Trouver une voiture ne sera pas compliqué. Un prêtre, en revanche…

– Je connais un prêtre. Mon oncle se chargera de la cérémonie, précise Ernestine, comme si elle lisait dans mes pensées.

Très croyants, les Rwandais se méfient aujourd'hui des religieux. Beaucoup d'entre eux ont directement, ou indirectement, participé à la boucherie. La plupart du temps, ils se contentaient de sonner les cloches de l'église ou du temple pour signifier aux futures victimes qu'elles pouvaient y trouver refuge. Un véritable guet-apens. Là, les milices *Interhamwe* les massacraient avec toutes sortes d'accessoires. On a aussi vu des nonnes démembrer des enfants vivants et des prêtres arracher les yeux des femmes avec des cuillères.

– Je vais voir ce que je peux faire, dis-je. Je ne promets rien. Je ne dis ni oui ni non, hein, Ernestine ? Je dois réfléchir. Et avant de dire OK, je dois vérifier si c'est faisable.

Ernestine se lève, silencieuse, et se dirige vers la porte. Quelque chose me chiffonne.

– Pourquoi ne pas demander à l'équipe de l'ONU ?

– J'ai mes raisons. Bonsoir, monsieur Damien, et je vous prie encore de m'excuser de vous avoir dérangé.

– Vous ne m'avez pas…

Elle est déjà partie, me laissant seul dans le noir.

*

J'en parle à la responsable du programme Éducation.

– Comment tu vas t'y prendre ? Tu sais que tu n'as pas le droit de faire ce genre de truc ?

Pour elle, il est entendu que j'ai déjà accepté la demande d'Ernestine. Elle n'a même pas l'air surprise. Plus rien ne surprend personne, ici.

– Je vais demander à Leslie de me prêter son matos et…

– Leslie ? Oui, il est fiable, Leslie. T'es prêt ?

– Non, pas encore, je dois…

– Je veux dire, psychologiquement ?

– J'en sais rien.

– N'en parle à personne, absolument personne. Si l'info parvient aux oreilles des pontes, tu sais ce que tu risques.

Finalement, tout est plus facile que je ne le pensais. Leslie accepte sans ciller de me prêter son équipement et de garder sa langue dans sa poche. Je réserve un 4x4 à la logistique, prétextant une visite de journalistes de télévision. Il ne me reste plus qu'à indiquer la date à Ernestine. Un dimanche, parce que c'est mon jour de congé. Je me rends donc dans les entrepôts mais ne la trouvant pas, je décide d'utiliser la radio. Comme tout le monde peut l'écouter, il faut être évasif.

— Delta 2 pour Lima 10… Lima 10, tu me reçois ?

— Lima 10 pour Delta 2, je te reçois.

— Dimanche, comme prévu. OK ?

— Pas OK, Delta 2. Lima 10, out.

Ernestine ne veut ou ne peut plus. Je suis agacé et soulagé à la fois.

Mais le soir, elle revient me voir dans mon bureau.

— Merci d'avoir accepté, monsieur Damien, mais ma voisine ne veut pas, annonce-t-elle.

— Votre voisine ? Qu'est-ce qu'elle a à à voir dans cette histoire, votre voisine ?

— Son mari a été tué en même temps que le mien. Elle ne veut plus le déterrer. C'est trop dur pour elle.

— Je comprends. On abandonne ?

— Non. J'aimerais que vous veniez la convaincre.

– Je ne peux pas faire ça. Et je suis un Blanc, elle ne m'écoutera pas.

– Si, elle vous écoutera, précisément parce que vous êtes un Blanc. Et gentil.

Sa voisine n'en a aucune envie mais devant mon insistance forcée et celle d'Ernestine, elle cède. En revanche, elle veut qu'on laisse son mari là où il est. Je me demande comment je vais faire la distinction entre le sien et celui d'Ernestine. Ils ont été tués et ensevelis ensemble il y a deux mois.

Puis le prêtre est prévenu et la cérémonie fixée au dimanche suivant.

*

Deux heures avant l'aube, je frappe doucement à la porte d'Ernestine qui m'attend. Elle a les yeux rougis par le manque de sommeil ou les larmes. Je sors la pelle du pick-up et commence à creuser à la lueur de la lampe-torche qu'elle braque au sol. La terre est molle. Très vite, l'odeur devient insoutenable. Les assassins n'ont pas creusé assez profond. Je mets le masque et les gants, retourne la terre et trouve un os, puis deux. Petit à petit, j'exhume un crâne, presque blanchi, dans un grouillement de vermine. J'interroge Ernestine du regard.

– Je ne sais pas… il faut trouver sa main, ils ont peut-être laissé sa chevalière.

Je continue à fourrager dans le trou noir, à nettoyer les os. Je gratte délicatement ce qu'il reste d'un bras puis trouve une main… et une chevalière. Ernestine émet un râle.

– C'est lui ! C'est mon mari ! Mon pauvre mari. C'est… c'était un bon mari, vous savez…

Je ne pense pas à grand-chose. J'ai hâte d'en finir. Le ciel rosit, le jour se lève et avec lui, les voisins, les enfants, les curieux, les mouches. Les chiens vont également rappliquer. Il faut vite dénicher le fils, maintenant. J'ai de la chance : au-dessous du crâne du mari, je trouve un autre crâne, beaucoup plus petit, coincé entre le bras droit et la cage thoracique de son père. Je dégage doucement l'humérus et le dépose dans le sac, suivi de tout ce qui reste ou de tout ce que je peux trouver.

J'ai envie de vomir. À jeun, l'odeur est encore plus insoutenable. J'ai besoin d'une douche et d'aller me recoucher. Je n'arrive pas à croire que c'est moi, ici, qui creuse et déterre les morts.

Je présente la petite boîte crânienne à Ernestine. Elle hausse les épaules. Je sens qu'elle est pressée, elle aussi, d'en finir. Je rassemble un peu au hasard des os qui me paraissent plus petits, referme le deuxième sac et me relève lentement, les genoux engourdis. Ernestine me fixe d'un regard flou. Le bras que je viens de placer dans un sac en plastique a été celui d'un homme, son mari, qui l'a probablement souvent étreint.

Je recouvre le tas rapidement, presque en transe. Ernestine me donne un verre d'eau et me tend une bassine. Je me lave les mains et le visage, avec soin, presque chirurgicalement.

J'attends dans la voiture un bon quart d'heure quand Ernestine réapparaît avec un autre fils. Nous nous dirigeons vers une colline en-dehors de la ville. Le soleil est levé, le petit matin est clair, les femmes vaquent, font du feu ou reviennent du puits. Des hommes chargent sur leur vélo des fruits et des légumes pour les vendre au marché. Les enfants jouent déjà dans les terrains vagues et les poules picorent dans les détritus.

Je me souviens à peine de la cérémonie. Il faisait bon sous le grand arbre et le prêtre parlait à voix basse en kinirwandais. Je n'ai pas compris un traître mot. Il y avait une dizaine de personnes dont la voisine, qui pleurait. Ernestine, elle, se tenait droite, sans larmes, digne et distinguée dans sa robe blanche de communiante. Je l'ai trouvée lointaine, presque indifférente. Puis tout le monde s'est éparpillé dans la nature, Ernestine s'en allant sans un regard pour moi en empruntant un raccourci qui mène jusqu'à la ville.

*

Dans ma chambre, je me lave lentement avec le peu d'eau disponible. Je suis sale et visqueux. Je dors jusqu'à midi et plonge dans la piscine, enfin presque remplie. C'est à ce moment-là que j'ai le déclic. Je comprends, comme frappé par la foudre, qu'un rien, qu'une étincelle peut déclencher les actions les plus viles. Une vérité fulgurante qui me transperce le cœur. Toutes mes illusions sur la nature de l'homme tombent, avec les restes du fils et du mari d'Ernestine.

Quelques jours plus tard, je reçois une carte : « Merci monsieur Damien. Je dors bien maintenant qu'ils sont avec Dieu et les anges. »

Je possède encore ce petit mot bien que je n'aie rien conservé de ces onze mois au Rwanda. Seule subsiste une odeur âcre et tenace, à jamais enfouie.

*

Vingt ans plus tard, on traque encore et on juge les « génocidaires », les présumés responsables de cette boucherie éclair et insensée que personne n'a pu empêcher, ou même prévenir. À l'époque, la « communauté internationale » regardait ailleurs. Deux décennies après, une simple petite odeur de charogne planant sur un sentier de montagne me replonge immédiatement dans cette démence, l'espace d'une seconde, parce que le nez, lui, n'oublie rien. Vingt ans plus tard, la vue de vignobles en hiver me fait resurgir les apparitions cauchemardesques des bras noirs des cadavres enterrés ici et là, au fond des jardins, au bord des routes, dans des cloîtres de couvents, partout, et partiellement exhumés par des chiens errants ou des corbeaux.

Le Rwanda a extirpé de mon cœur tout ce qui pouvait représenter un soupçon d'optimisme pour l'espèce humaine. Cette tragédie a certainement immunisé mes convictions et mes émotions les plus profondes. J'en suis revenu racorni, avec des désarrois sélectifs, sauf pour ce qui touche concrètement mes proches. Peut-être n'ai-je plus d'opinions bien tranchées, celles-là même qui peuvent – parfois – déclencher les pires catastrophes. Peut-être ai-je pris trop de distance par rapport aux événements.

Alors, je pose la question à l'envers : aurait-il été normal d'en ressortir indemne lorsqu'on a été le témoin direct ou indirect du pire ? Des enfants voyant leur mère se faire violer, éviscérer, torturer. Des enfants qui ont assassiné, imitant leurs parents ou leurs voisins, avec des couteaux, des cuillères, des cailloux, n'importe quoi. Des prêtres et des nonnes qui ont participé au carnage. Des villages entiers brûlés, des habitants exterminés. Et ceci en l'espace de trois mois. 800 000 morts, 10 000 par jour. Tout est dit.

Si je ne m'étais pas porté volontaire, j'aurais dû dire adieu à l'humanitaire. Prendre la décision d'y aller, au beau milieu de l'été, prouvait ma détermination. Pour autant ai-je fait une différence ? Je n'ai pas eu ce sentiment et aujourd'hui, le doute subsiste encore.

Ce soir, il fait froid et les vignes en contrebas sont recouvertes de neige. Il commence à faire sombre.

Et le chien a faim.

LUANDA - 1996

L'Angola est dans sa vingt et unième année de guerre civile. Malgré des pourparlers de paix, des cessez-le-feu, des négociations et des trêves de toutes sortes, les combats et les atrocités sur la population civile vont bon train.

Le premier jour, l'horizon s'étire dans un flamboiement de côte atlantique. Le coucher du soleil met en valeur les corps alanguis qui ondulent au rythme de la samba. La bière coule à flots dans les guinguettes posées sur le sable doux. De luisants éphèbes jouent une partie endiablée de beach-volley. Derrière eux, de vieilles façades criblées de balles et de mortiers brillent comme des photophores. Les vagues lèchent le rivage, les dernières lueurs irradient l'atmosphère. Je respire un bon coup : je suis loin et c'est *cool*.

Le deuxième jour, tout le monde me salue d'un «Bom dia!» enthousiaste lorsque je suis présenté au personnel. Les bureaux de l'UNICEF sont disséminés sur les sept étages destinés à l'ONU, barricadés derrière des grilles épaisses fermées par des cadenas. Les vigiles sont vigilants. Dehors, ça sent les poubelles et la tension. À Luanda, on est prié de ne pas marcher dans les rues sans en avertir la Sécurité par radio (Sierra One). Idem pour le retour. L'autorisation n'est en général pas accordée, il faut donc attendre une voiture avec chauffeur, même pour parcourir cent mètres.

Le troisième jour, je dévore une pile de documents dans un bureau surchauffé. Dans l'étroitesse du lieu, la porte en plastique d'une douche de fortune tape sur ma chaise. Le défilé est permanent. La pénurie d'eau affecte les trois-quarts de la ville et tout le staff profite de cette cabine providentielle pour éliminer sa crasse. L'air moite embaume le gel douche, le shampoing, la sueur et les pieds. Ambiance hammam ou vestiaire pour hommes. On caquète entre soi en attendant son tour. La concentration s'en ressent.

Et puis le vingt-huitième jour, vlan! la crise. Elle me tombe dessus sans crier gare pendant une réunion. Devant une imposante carte de l'Angola, Christian, le grand chef, un Suisse bavard et chaleureux, résume brièvement ce qui a été accompli, et longuement ce qui reste à faire. Je l'écoute à peine : mes oreilles bourdonnent et mon front dégouline. Je ne me sens pas très bien.

– Yves m'a fait savoir que l'état de santé des populations qui ont été coupées du monde, de l'autre côté du front, pendant au moins dix ans, est bien meilleur que celui des gens que nous avons réussi à assister.

Un murmure parcourt l'auditoire. Christian développe son propos, content de son petit effet. Cette population donc, isolée de tout, est retournée chasser la gazelle, cueillir des baies et ramasser des sauterelles. Elle dort dans des cases, déambule nue ou presque, comme avant la guerre, comme avant la colonisation portugaise et les missionnaires. Bref, elle est repartie vivre comme elle l'a toujours fait avant l'arrivée des hommes civilisés. Résultat : elle se porte mieux. Le coursier de la bonne nouvelle, Yves, un Canadien chargé des urgences, se tourne vers moi.

– Ça va ? Tu gouttes comme un iceberg ?

– Ça va, ça va. Il fait chaud, non ?

– Non, pas spécialement.

– C'est long, non ?

– Il est toujours long, Christian.

Je suffoque et j'ai mal au dos. Je sors discrètement, direction les toilettes où j'asperge mon visage écarlate. Je peine à marcher, à parler. Il y a quelque chose qui cloche.

*

L'infirmier de l'ONU est un grand ténébreux à la nationalité indéterminée. Il me prend la température, me tire du doigt une grosse goutte de sang et disparaît dans son laboratoire avec l'air de quelqu'un qui s'ennuie beaucoup, genre fin de mission, hâte de fiche le camp, plein le cul de ce foutu pays.

– *Falciparum.*

Le médecin est tout aussi laconique.

– Vous avez le palu. La forme du *Plasmodium falciparum*, avec une poussée de fièvre significative de… (il consulte sa fiche)… de 39,9°. Où étiez-vous ces dernières semaines ?

J'étais à Huambo, docteur, et puis à Kuito, sur les plateaux, au centre du pays. J'ai longuement discuté avec des gosses qui ont sauté sur des mines anti-personnel et des enfants-soldats en pleine démobilisation. J'ai aussi mis un programme de communication en place.

Il opine, fait un effort pour paraître intéressé mais au fond, un médecin reste un médecin, un professionnel aguerri et blasé.

– Ouais, bon. Vous suiviez un traitement préventif ?

– Non.

– Alors, je vous donne un comprimé à prendre une fois par jour, tous les jours pendant une semaine. Et puis du paracétamol. Pensez à boire. Vous allez être mal pendant quatre jours, au moins. Je répète : buvez beaucoup, OK ? Et reposez-vous. Je vous arrête une semaine.

La tuile. La honte. J'en informe le grand chef. Il compatit, amusé. J'imagine ce qu'il pense : «Je me démène avec l'administration légendaire de la boîte, je le paie pour venir, il chope la malaria en deux secondes et il est arrêté une semaine. Pas de doute, un vrai clampin !». Mais le grand chef est plus indulgent que mon imagination.

– Repose-toi bien, vieux, et reviens-nous fringant.

Une heure plus tard, j'essaie tant bien que mal de gravir les sept étages d'un immeuble décati. Un collègue suédois parti en vacances m'a laissé son appartement en attendant son retour. Ça nous arrange tous les deux. L'ascenseur moribond pue la pisse et la merde. L'eau est acheminée dans les baignoires par des bataillons de gamins.

L'électricité fonctionne quand elle veut, les fuites suintent d'un peu partout. L'appartement est assez confortable, même si la chambre est borgne, le plafond s'effondrant par endroits à cause des infiltrations. L'air conditionné cacochyme diffuse un souffle tiédasse et la porte d'entrée est sécurisée par trois cadenas. Je bataille, tout tremblant, pour m'y retrouver dans le trousseau de clés. L'angoisse de les perdre me taraude du matin au soir.

Mais j'ai de la chance.

À Luanda, deux catégories de gens essaient de ne pas se croiser. Les très riches, une poignée, proches du Président Dos Santos (une marionnette des Russes et des compagnies pétrolières occidentales) paradent dans d'énormes engins climatisés et vivent dans des villas de mauvais goût équipées de gardes, de chiens, de barbelés, de tessons de bouteilles et de hauts murs. Ils dépensent leurs dollars dans des magasins bien achalandés et hors de prix, ripaillent dans les meilleurs restaurants ou restent avachis chez eux à roter leur bière ou leur coca en regardant des vidéocassettes. Ils se grattent l'entrejambe en bâillant tandis qu'elles se pomponnent toute la journée en contemplant, impuissantes, leur corps érodé par le temps qui passe et contre lequel le pognon ne peut rien. Ils prennent l'air méprisant de ceux qui dominent et possèdent tout dans un pays qui n'a plus rien.

Et il y a tous les autres, les pauvres, les misérables, les déplacés au fil de ces vingt et un ans de guerre civile qui se sont concentrés dans des bidonvilles sordides où résonne l'éternelle rengaine des pouilleux : manque d'hygiène, malnutrition, rapines, violences, trafics d'armes et de drogue, viols, prostitution. Les plus fourbes et les plus désespérés assiègent les trottoirs, mendient, proposent leurs charmes, sèment la terreur aux carrefours, rackettent les riches et les étrangers, se trucident entre eux, portent de l'eau aux étages, vendent des cigarettes et des bananes. Ils sortent souvent en bandes, sont toujours sales et n'ont plus rien à perdre.

En 1975, année de l'indépendance du pays, la capitale comptait environ 600 000 habitants. En 1996, sa population est estimée à 2,5 millions d'âmes. Et rien n'a suivi. Les rues sont des cloaques, les bâtiments s'abîment sous les tirs et s'effondrent par manque d'entretien, avec l'aide du climat tropical. La police rançonne elle aussi aux carrefours, surtout la nuit. L'eau est partout rationnée, le manque de logements reste phénoménal et les expatriés doivent payer des loyers ahurissants pour des studios loqueteux. Une chance pour moi d'avoir trouvé quelque chose. J'aurais été réduit, sinon, à dormir dans un hôtel sinistre qui aurait englouti mon salaire.

J'ouvre la porte de l'appartement, me déshabille, éteins la radio portative (c'est interdit mais je m'en fous) et m'écroule sur le lit.

*

Deux semaines passées à Huambo et Kuito m'ont plongé dans les réalités quotidiennes du conflit. La frontière entre les combats purs et durs et le cessez-le-feu reste ténue. Des *checkpoints* sont gardés par des soldats en guenilles, des hordes de réfugiés traînant leurs maigres biens, des mômes crasseux et dépenaillés, des femmes inconsolables, des tirs sporadiques qui nourrissent la certitude que tout peut éclater à nouveau d'un moment à l'autre. Les causes, elles, sont obscures. Un mélange de Realpolitik Est-Ouest, de quête de pétrole et de ressources minières, le tout englué dans le fatras classique des luttes tribales uniquement comprises par les initiés.

Je suis au cœur de la tragédie humaine et je me sens utile. En deux semaines, j'ai appris autant de choses sur la bête humaine qu'en quarante ans de vie paisible. Dans la guerre, l'âme se recroqueville comme du plastique sur les flammes, les fumées qui s'en échappent exhalent un relent d'absurdité sauvage. Ici, la survie réduit toutes les idéologies à néant, sacralise la loi du plus fort et relativise l'échelle des valeurs. Elle se gausse des pleurnichards pour qui l'existence humaine est au-dessus de tout. De la littérature. La guerre civile ignore les bons et les méchants ; elle est vicieuse, impitoyable et n'enfante aucun héros.

À l'opposé, la vie « normale » est monotone et aseptisée. Elle émousse les instincts. À Kuito, parmi les enfants qui ont sauté sur les mines, ou dans ce camp aux remugles macabres, je me situe entre guerre et paix. Ce n'est pas monotone mais vivant, ce n'est pas aseptisé mais ça schlingue la crasse et l'angoisse.

En côtoyant les bourreaux et leurs victimes, je fraternise avec un benêt de caporal qui a ordonné tel ou tel déplacement de population, lequel a entraîné sur les routes des cohortes de mères de famille et de marmots. Sans son petit pouvoir, je n'ai pas accès à eux. Pour nourrir et aider les victimes, on est obligé de négocier avec des criminels. Ce n'est pas nouveau mais cette vérité paradoxale démoralise tous les porteurs de rêves qui pullulent dans les organisations humanitaires.

Un cessez-le-feu « précaire » règne mais beaucoup d'habitants de Huambo et Kuito ne sont pas encore au courant. Le flottement entre hier (« tirons sur tout ce qui bouge ») et aujourd'hui (« on arrête les frais, les gars ») alimente la confusion. Quand ça canarde, on ne sort pas mais quand ça ne canarde plus, on est perdu. Les gradés sont indécis (« quels sont les ordres ? »), les soldats s'ennuient (« où sont les ennemis à tuer et les femmes à violer ? »), les civils hésitent à mettre le nez dehors pour chercher leur pitance.

Je déchiffre facilement les codes des militaires, des Casques bleus chargés de s'interposer et de faire respecter la trêve, et ceux de l'autre camp, relativement indéfinis. Je discute avec les bons uniformes, obséquieux devant les galons, camarade avec le trouffion qui sent la sueur. Je joue à l'empathique, faisant clairement comprendre que je suis du côté des faibles tout en coexistant et en badinant avec les forts. J'interroge les victimes civiles qui déballent leur sempiternel refrain : chantages, viols et pillages, bourgades abandonnées, routes bombardées, faim, soif, camps de transit. Pour faire passer l'émotion, je dois neutraliser la mienne.

Et ça me plaît parce que je me sens enfin utile et valorisé par le sens de ma mission, très loin de la vie «normale» phagocytée par les méandres administratifs – cotisations, impôts, assurances – et les taupinières asphyxiantes. En 1996, je ne suis toujours pas allé au Mont-Saint-Michel, à Venise ou à Prague. Des trucs de retraités. J'irai sans doute mais plus tard, pour faire plaisir à quelqu'un d'autre. Pour l'instant, j'aime vivre au milieu des turbulences de cette fin de siècle. Cette vie donne un sens à la mienne.

*

Gervasio et João, assis sagement sur deux tabourets, répondent à mes questions. Nom, prénom, âge, pourquoi sont-ils devenus enfants-soldats, pourquoi ont-ils assassiné des gens. Ils sont très jeunes, ont toujours connu la guerre, ne savent pas ce que représente la paix mais savent qu'ils sont sur le point d'être démobilisés. Ils ignorent leur futur ; c'est ça qui les terrifie.

– Oui, j'ai peur, admet Gervasio. Je ne sais pas où est ma famille. Mes deux frères ont été tués, le village a brûlé. Non, je ne sais pas ce qui m'attend.

– Moi, j'ai tué cinq soldats, indique João, c'est tout. Auto-défense.

L'interview se prolonge. Ils se détendent peu à peu. Contrairement à d'autres, on ne les a pas enrôlés de force, on leur a juste fourni un uniforme, des bottes et une mitraillette. Très vite, ils ont crapahuté dans la brousse, partageant l'ordinaire des combattants et tuant pour ne pas être tués.

Face à eux, je remarque que j'ai passé mon enfance sur une autre planète. Biarritz, les années 60, *Salut les copains*, la plage sous le phare, le collège des Pères et l'éclairage au néon de la salle d'étude. Mai 68, De Gaulle, la mobylette et la mobilité, les premiers émois avec des filles qui sentaient le patchouli, Jim Morrison et Bob Dylan, les joints fumés en position du lotus dans les jardins municipaux, le skate, le surf, toute la boutique. Destins croisés que cette brève connexion entre ma réalité de nanti et celle de la fatalité africaine.

Mais oui, j'ai véritablement adoré ma «mission» au milieu de ces jeunes tueurs, ces coupeurs de routes, ces estropiés. Le mythe du Blanc éclairé, hyperactif et l'air soucieux, qui sauve les pauvres du monde, a la vie dure. La vérité, c'est que ce bon Blanc prend son pied. Il n'est certes pas insensible à la souffrance des autres mais d'abord, il prend son pied.

Dans l'ombre de mes entrailles, dans ma tête émoustillée par les tumultes de mon système nerveux central, le *falciparum* est à l'œuvre, envahissant le foie et infectant les globules rouges. Le moustique a accompli lui aussi sa mission dans la moiteur ambiante, les marécages putrides et le désordre généralisé. La peau du brave gogo blanc, ravi de son aventure africaine, n'a pas résisté aux piqûres nocturnes de l'anophèle zézayant. Le paludisme prépare son plan d'invasion, il attend son heure. Dans mon organisme, les *aliens* se frottent les mains.

*

L'attaque a commencé. Les convulsions des premières heures ont fait place à une fièvre spectaculaire. Je grelotte et cliquète de tous mes os sur le lit grinçant de la chambre borgne. Le drap me colle à la peau comme une serpillière mouillée. La minute suivante, je brûle, j'étouffe, je gémis sous les courbatures et les coups de boutoir dans ma boîte crânienne. Elle va finir par éclater, celle-là, pulvérisée comme la mangue sur l'enclume.

Soudain, j'entends des coups frappés à la porte. Je m'extirpe de mon lit comme un vampire de son cercueil et me traîne vers l'entrée.

– Qu'est-ce que c'est ? coassé-je faiblement.

Personne. L'orage zèbre le ciel et une fragrance humide pénètre à l'intérieur. Une ombre frôle mes jambes et me fait sursauter. Je n'y vois rien. J'ai dû dormir au moins dix bonnes heures. Pas de courant. Le miroir de la salle de bain me renvoie une image de mort-vivant : une face jaune, un corps raviné, des yeux racornis sous la lueur de la lampe de poche, des cheveux en queues de rats. Je m'asperge à même la baignoire qui sert de citerne, et me recouche.

En retournant dans ma chambre, je réalise que des dizaines d'enfants ont envahi la pièce. Assis en silence, on dirait qu'ils attendent un ordre. Je suis nu et embarrassé mais ils ne se moquent pas de moi et ne montrent aucun mépris. Leurs visages sont sérieux, impassibles, attentifs. Je ne sais pas quoi dire. Je me relève péniblement, vais et viens à la recherche d'un morceau de tissu qui me rendrait ma dignité. L'un d'eux me dit qu'il a soif. Je retourne dans la salle de bain, me heurte à la baignoire et tressaille au contact de l'eau froide sur mon corps chauffé à blanc. Puis je m'apaise. De retour dans la chambre, les enfants ont disparu.

Le lendemain, résurrection. Je déguste un thé corsé en sifflotant. Je plonge un seau dans la baignoire et me rince de pied en cap en poussant des râles de contentement. La salle de bain vire en piscine. Je passe une chemise et un pantalon propres, prêt à aller au turbin, mais voilà que j'ai du mal à lacer mes chaussures. Mes mains tremblent, mon crâne vrombit et les frissons reprennent. C'est reparti pour la transe.

La clim survole la chambre dans un bruit de Tupolev. Le réparateur se marre, il finit par l'attacher serrée à une armoire en laissant traîner ses outils partout. Il me parle mais je suis incapable de lui répondre. Je suis mort de froid, je claque des dents, je lui demande d'arrêter cette satanée machine mais il rigole toujours, s'échine sur l'engin en le martelant en rythme.

Plus tard, je me ressens subitement mieux. J'allume la musique à fond et traverse l'appartement en dansant comme un diable dans son chaudron, rires hystériques et trémoussements spasmodiques pour finir par culbuter dans le fauteuil en rotin, à bout de souffle mais inspiré. J'ouvre l'ordinateur et commence à pianoter l'histoire de Gervasio et de João. Contre toute attente, je suis en forme, je pourrais écrire pendant des heures des rapports, des comptes-rendus, des bulletins et des déclarations de presse. J'entame avec fébrilité une autre histoire en parallèle, celle du petit Domingos : *Douze ans, rêve de posséder un vélo. Avec un vélo, il pourrait foncer en slalomant sur les pistes du camp de Cangalo, près de Kuito, qui abrite des personnes déplacées par la guerre. Mais un vélo représenterait un défi pour lui : il n'a qu'une jambe. Il a perdu l'autre en octobre 1994 après avoir marché sur une mine. Il allait chercher de l'eau à la source.*

Sur le moment, ces pages d'écriture me paraissent parfaites. Avec le recul, elles sont parfaitement banales. Elles racontent une vérité rétrécie. Peut-on vraiment parler de la guerre sans parti pris ? Peut-on vraiment gloser sur son infinie complexité et ses conséquences sur la vie des gens, des villages, des villes, des régions, des pays entiers ? Les faits sont clairs pourtant. D'un côté, deux enfants adultes, forcés et fiers d'être des tueurs, d'être traités comme de vrais combattants. De l'autre, un gamin qui rêve de pédaler. Mais le messager que je suis ne peut pas se défaire de son émotion, de ses a priori, de ses valeurs.

Le boulot dicte la trame, il faut tailler dans le vif, aller à l'essentiel, recouper les informations, donner un aperçu.

Yves surgit soudain, un sourire aux lèvres. Je suis malade et j'essaie d'écrire, son irruption et son sourire goguenard m'encombrent.

— Salut, je viens voir comment tu vas.

— Ça va mieux. Je croyais que tu étais parti sur le terrain, vers Lobito.

— Mission annulée. Les routes sont trop dangereuses.

— Mais tout était prêt, non ? Elle était importante, cette mission ?

Il hausse les épaules.

— C'est comme ça. Ordre du grand chef. Il a dû obtenir des infos que je n'ai pas.

Il me fixe d'un drôle d'air.

— Pourquoi tu me regardes comme ça ?

Il hésite, sourit, contemple la bibliothèque pleine de livres en suédois.

— Tu te promènes souvent tout nu ?

— Hein ?

Je constate, mortifié, que je ne porte qu'un tee-shirt. J'ai oublié d'enfiler un slip. Je me rue dans la salle de bain mais lorsque je reviens dans le salon, Yves a disparu.

Dans la confusion des jours et des nuits qui se suivent dans le lit suintant de cette chambre noire, je disparais moi aussi dans les limbes. Territoire étrange, suspension du temps, de la faim et de la soif, sans désir, sans angoisse. La fièvre me fait voyager ailleurs, dans un univers bizarre, ni terrestre, ni céleste, une zone de transit. Le cerveau péclote et rue, brinquebale et se débride dans une totale incohérence. Je crois que ça dure une bonne semaine.

Puis la fièvre tombe. Au bureau, les jours suivants, je pars un peu à la dérive : arrivé après tout le monde, parti avant tout le monde, le teint cireux et amaigri, je m'endors sur mes dossiers et suis incapable de me concentrer sur quoi que ce soit. Je fonds en larmes à la moindre anicroche, n'ai de goût à rien, roupille quatorze heures par jour. Je ne revois pas Yves, en mission à Lobito. Je devais partir avec lui.

Quand je rentre en Europe, le Suédois qui m'a prêté son appartement m'apprend par e-mail qu'Yves a été kidnappé là-bas pendant trois jours. Sa mission a mal tourné, les camions ont été pillés. Tout cela a eu lieu lorsque j'étais encore sur place, en plein délire.

Je ne sais toujours pas ce qui a relevé du rêve ou de la réalité : les enfants qui me veillaient, le réparateur de climatisation, la visite d'Yves chez moi alors qu'il était dans la brousse. J'ai relu mes notes et les ai trouvées incomplètes. Elles ne font qu'effleurer la situation des enfants.

D'ailleurs, dans ce pays, je n'ai fait que passer, à demi conscient.

ÉPiLOGUE

Tous ces gens sont aujourd'hui des souvenirs. Je me demande ce qu'ils sont devenus.

Lama Francis doit toujours être assis sur son banc à se curer les ongles de pied devant la vallée, un exemplaire des *Misérables* de la Bibliothèque verte à portée de main. Son dos est plus voûté, ses rides plus profondes.

Ernestine vit encore dans sa maison et rend parfois visite à l'arbre du roi sous lequel reposent son fils et son mari. A-t-elle pardonné aux assassins ?

La guerre civile au Libéria a-t-elle épargné la femme en rouge et sa fille ? Cette question m'a longtemps hanté. Raconter son histoire a tempéré le remords de n'avoir rien pu faire.

Yves, mon collègue en Angola, est mort deux ans plus tard dans le crash du vol 111 de Swissair entre New York et Genève.

En 2005, un tremblement de terre a décimé des dizaines de milliers de personnes dans le Cachemire pakistanais. Le village de Naran où Melchior m'a accompagné durant quelques jours a été rayé de la carte. Le Pakistan sert encore de base (arrière?) aux talibans et la plupart des hommes ne savent toujours pas canaliser leur trop-plein de testostérone.

L'Afrique du Sud a réhabilité Mandela, qui est mort entre deux familles empressées de récolter les dividendes de son prestige. L'apartheid a été aboli, le racisme institutionnel a officiellement disparu même s'il subsiste encore à l'état brut et individuel. Les problèmes sociaux demeurent, le sida y fait des ravages, la violence et les inégalités persistent.

Le Kurdistan turc ballotte à la recherche d'un équilibre dans une région mouvante. Les Kurdes, éternellement divisés, n'ont toujours pas trouvé leur ligne entre sujétion, autonomie et indépendance.

Chaque jour, des Érythréens fuient un système politique figé dans la paranoïa. Les enfants d'Asmara et de Massaoua ont grandi dans un pays qui n'a pas tenu ses promesses.

Hier, ce n'était que «Désastre humanitaire en Turquie», «Territoires hors-la-loi au Libéria», «Génocide au Rwanda», «Massacres en

Angola». Ces pays ont aujourd'hui entamé une convalescence fructueuse, voire spectaculaire. L'Angola attire ses anciens colons qui émigrent du Portugal vers l'Afrique, laissant derrière eux une terre natale en décrépitude. Tout n'y est pas résolu, loin de là. Les disparités sociales, les injustices et la corruption y sont encore très présentes, comme partout. Mais « ça va mieux ». Pour compenser, d'autres pays ont pris le relais des massacres.

Entre-temps, j'ai continué de témoigner sur le sort des enfants, malnutris ou, comme en Roumanie, porteurs du virus du sida. Sur d'autres situations aussi : l'odeur fétide de la misère en Haïti et au Mozambique, les réfugiés libériens oubliés dans la Guinée forestière, l'impasse infernale de la bande de Gaza où les habitants sont pris en otages entre les caciques du Hamas et la domination arbitraire de l'État hébreu. Ou encore les Philippines, sujet de mes études universitaires, où les gens subissent avec dignité les injustices et les inégalités héritées des colonisateurs espagnols et américains. Je me suis ensuite installé six ans au Vietnam, me plongeant corps et âme dans cette « Asie jaune » si chère aux bons vieux géographes de jadis pour finalement atterrir dans la salle de presse des Nations Unies, à Genève, à distiller la bonne parole de l'UNICEF aux journalistes las et stressés.

En Afrique du Sud, une fulgurante révélation avait illuminé mon cœur : voyager et aider. Je suis donc entré, motivé et naïf, dans le monde de l'humanitaire, en 1986. Je l'ai quitté dans un élan de grâce vingt et un ans plus tard. J'y croyais et j'y crois toujours. J'ai voyagé, c'est sûr, mais ai-je aidé ? La réponse est moins certaine. J'ai fait de mon mieux, j'ai certainement contribué à la prise de conscience du danger mortel des mines antipersonnel et j'ai communiqué sur le sort des enfants-soldats tout comme des enfants-esclaves ou forcés à la prostitution. Ces causes me sont chères et je ne regrette rien.

Dans ce monde de l'humanitaire, on côtoie des gens extraordinaires, des cerveaux brillants mais sceptiques quant aux chimères de la « croissance », laquelle décime souvent les plus vulnérables. On y trouve de tout, du pire au meilleur, des bureaucrates odieux, des esprits éclairés et généreux, des actions courageuses et méconnues. Je m'y suis épanoui.

Le côté « première urgence » est indiscutable. En revanche, il apparaît plus incertain quand il se met à faire ce que les gouvernements devraient faire eux-mêmes. Tout devient carrément douteux lorsque le système se transforme en doctrine bien-pensante et sectaire.

Les bons sentiments restent toutefois bien fragiles face aux intérêts d'État. Ceux-ci sont régis par des règles sévères à géométrie variable, chez les dominants comme chez les dominés, qui laminent les meilleures volontés. Aussi, les petites structures animées par de gentils bénévoles ou coordonnées par des techniciens aguerris n'y survivent pas longtemps. Faute de moyens ou de visions globales, elles perdent leur temps à sauver le monde en provoquant des disparités et des rancœurs au sein même des populations qu'elles veulent aider. Ces petites ONG sont beaucoup plus utiles en bas de chez nous, à aider tante Agathe dans son village ou son quartier et ceux de nos voisins qui peinent à joindre les deux bouts.

L'humanitaire est usant et décourageant. Les routes qu'il emprunte sont chaotiques, situées souvent dans les périphéries et les confins. On y tâtonne cahin-caha, dans le foisonnement de l'urgence, pour parvenir à l'objectif ultime : secourir les gens les plus fragiles. En coulisses, le doute est permanent. Tout comme dans la religion, on s'interdit en public de remettre en question ou de critiquer le dogme. Change-t-il vraiment la donne ou n'est-il qu'un sparadrap sur une plaie infectée ? Est-il une forme de néo-colonialisme ou bien une action bienveillante légitimée par une pensée universelle ? Est-il vraiment indépendant, neutre alors qu'il a constamment besoin de donateurs qui, eux, maintiennent leur propre logique ? Par ailleurs, il n'est plus l'apanage occidental pétri des nobles idéaux soi-disant désintéressés. Pendant le tsunami de 2004, les ONG asiatiques et moyen-orientales (musulmanes) sont entrées dans la danse (et la transe) en déployant le grand jeu. Pas toujours efficaces mais voyantes. Puissantes aussi.

En vingt ans, la pauvreté a reculé de moitié. Sauf cas rare (conflits), l'humanité ne souffre plus de la famine. L'accès à l'eau potable s'est amélioré. Les vaccinations préservent de certaines maladies mortelles. L'humanitaire sera-t-il bientôt au chômage, contraint de fermer les portes de ses sièges sociaux ? Voici sa réponse : « Beaucoup a été fait mais beaucoup reste à faire. Continuez à me soutenir ». Il distribue donc une feuille de route subtilement ficelée par des communicants et des experts en récolte de fonds : sida, paludisme, enfants-soldats, prostitution infantile, vaccinations insuffisantes, éducation des filles, malnutrition ou foyers de disette, etc.

L'humanitaire, à son zénith dans les années 90, a été évincé médiatiquement par la prise de conscience environnementale, elle-même dépassée par la crise économique. La grille de lecture déterminant ma démarche de jeune adulte a bien changé. L'Occident ne possède plus les réponses, la mondialisation a brouillé les cartes, les pays émergents transforment la planète, les réseaux sociaux la réduisent en village où chacun a son mot à dire. Et les médias principaux ignorent toujours les urgences « silencieuses ».

Dans un autre registre, je réalise, amusé, qu'il est un thème récurrent dans presque tous ces récits : la diarrhée. On pourrait s'interroger sur son omniprésence, sur cette fatalité ravageuse qui surgit quand on s'y attend le moins. C'est qu'elle est la plus fidèle compagne du voyageur et de l'humanitaire. La colique, la vraie, celle qui pue et qui s'impose sans crier gare, est certainement l'une des plus grandes leçons de chose contre l'arrogance. Dès qu'elle entre en jeu, on abandonne nos certitudes. Elle a le pouvoir rédempteur de rendre humble. Elle porte une ombre au tableau pittoresque du héros parfait, ce bon Blanc bienveillant qui traîne encore dans nos mémoires, et on n'en parle jamais assez. D'ailleurs, on ne parle jamais assez de la réalité, la vraie.

Captif des événements comme certains personnages de ces tranches de vie, le seul sentiment négatif qui reste agrippé au fil de ces années de vagabondage est celui de l'impuissance. L'humanitaire est une machine, un rouage. Seul, on ne peut rien. Acteur comme spectateur, on ne s'en défait que rarement. L'impuissance a corrodé ma naïveté mais pas l'espérance en un monde meilleur.

Ceux qui croient que « tous les coins du monde ont la même valeur, [que] l'univers extérieur est entièrement contenu dans l'univers intérieur»[17] ne me démontrent rien. Mon univers intérieur est une substance malléable qui ne se développe qu'au contact du concret, du brouhaha et de la complexité des choses. Les nuances, les arômes, les arcanes, les erreurs ne peuvent être décodés, éclaircis qu'à travers le prisme du réel tel qu'on l'a vu, vécu, senti.

Sans oublier que témoigner ne signifie pas forcément dire la vérité.

---

17. Werfel, F., *Les 40 jours de Musa Dagh*, 1933. L'écrivain autrichien dissèque le massacre arménien de 1915, vu et combattu par une poignée de villageois claquemurés au pied d'une montagne en Turquie ottomane. Mais contrairement à ce que cette citation laisse entendre, il n'aurait jamais pu écrire ce livre tout en nuances s'il n'était pas allé voir sur place et constater par lui-même le «théâtre» des événements.

TABLE DES MATIÈRES

WWW.EDITIONSDELAREMANENCE.FR

SUIVEZ-NOUS SUR

@Editionsdela Remanence

@ed_remanence

@editionsdelaremanence

@editions-de-la-remanence

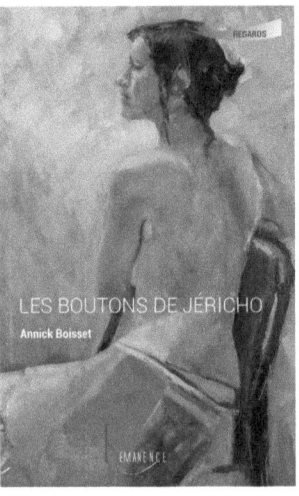

IMPRESSION : BOOKS ON DEMAND, GMBH

NORDERSTEDT, ALLEMAGNE

DÉPÔT LÉGAL : OCTOBRE 2014